关中民俗艺术博物院

秦岭山麓的一脉乡愁

王长启 著

丝路物语书系

主编 李炳武

西安出版社

图书在版编目（CIP）数据

秦岭山麓的一脉乡愁：关中民俗艺术博物院 / 李炳武主编. —— 西安：西安出版社，2020.12（2024.4重印）
ISBN 978-7-5541-5086-3

Ⅰ.①秦… Ⅱ.①李… Ⅲ.①风俗习惯-介绍-陕西②民间艺术-介绍-陕西 Ⅳ.①K892.441②J12

中国版本图书馆CIP数据核字(2020)第249090号

丝路物语 书系

秦岭山麓的一脉乡愁
关中民俗艺术博物院
QINLING SHANLU DE YIMAI XIANGCHOU
GUANZHONG MINSU YISHU BOWUYUAN

出 版 人：屈炳耀
主　　编：李炳武
著　　者：王长启
策划编辑：李宗保　张正原
项目统筹：张正原
责任编辑：乔志华
美术编辑：李南江
责任校对：王　娟
责任印制：尹　苗
出版发行：西安出版社
社　　址：西安市曲江新区
　　　　　雁南五路1868号影视演艺大厦11层
电　　话：（029）85253740
邮政编码：710061

印　　刷：三河市华东印刷有限公司
开　　本：787mm×1092mm　1/16
印　　张：14.5
字　　数：130千
版　　次：2020年12月第1版
印　　次：2024年4月第2次印刷
书　　号：ISBN 978-7-5541-5086-3
定　　价：78.00元

如有印刷、装订问题，本社负责另换。

序一

阅读文物 拥抱文明

郑欣淼

文物所折射出的恒久魅力，已为越来越多的人所认识。今天呈现在读者面前的这部"丝路物语"书系，就是这一魅力的具体体现。

"让收藏在博物馆里的文物、陈列在广阔大地上的遗产、书写在古籍里的文字都活起来。"（习近平语）党的十八大以来，习近平总书记担负着实现中华民族伟大复兴的历史重任，饱含着对传统文化的深厚感情，让文物活起来始终为其所关注、所思考。让文物活起来，就是深入挖掘文物的内涵，充分发挥文物的作用。中国文物是中华民族的文明印记和精神标识，是全体中国人乃至全人类的珍贵财富；它对于激发人民群众对中华优秀传统文化的了解、认同和热爱，坚定文化自信，汇聚发展力量等作用是不言而喻的。

近年来，一些优秀的文物类书籍、综艺节目、纪录片、文化创意产品等不断涌现，文化遗产元素成为国家外交的桥梁，文物逐渐成为"网红"并受到越来越多年轻人的青睐，这些都充分彰显着"让文物活起来"已逐渐从理念转化为行动，那些在历史长河中积淀下来的文物珍存正在不断走近百姓、融入时代、面向世界。

说到文物，不能不把眼光聚焦于丝绸之路。人类社会交往的渴望推动了世界文明间的相互交融和渗透，中华文明与亚、欧、非三大洲的古代文明很早就发生接触，相互影响，相互交流。直到1877年，德国地理学家李希霍芬在他的著作《中国——我的旅行成果》里首次提出了"丝绸之路"的概念。近半个世纪以来，随着丝绸之路考古发现和学术研究的不断深入，极大地开阔了人们的视野。特别是"一带一路"倡议的全面推进，丝绸之路研究更成为国际显学。在古代文明交流史上，丝绸之路无疑是极其璀璨的一笔。它承载着千年古史，编织着四方文明。也正因为丝绸之路无与伦比的历史积淀，形成了独特的历史文化遗产，其数量之大、等级之高、类型之丰富、序列之完整、影响之深远，都是世所公认的。神秘悠远的古代城址、波澜壮阔的长城关隘烽燧遗址、精美绝伦的艺术品、气势磅礴的帝王陵墓、灿若星辰的宫观寺庙、瑰丽壮美的石窟寺……数不清道不尽的文物珍宝，足以使任何参观者流连忘返，叹为观止。2014年，"丝绸之路：长安—天山廊道的路网"成功跻身《世界文化遗产名录》，使丝绸之路迎来了新的历史机遇，也对广大文化文物工作者提出了新的要求。

"让文物说话，把历史智慧告诉人们。"这是习近平总书记的谆谆嘱托。中华文化优雅如斯，如何让文物说话，飞入寻常百姓家，是当下无数文化界人士亟待攻坚的课题，亦是他们光荣的使命。客观来讲，丝绸之路方面的论著硕果累累，但从一般读者角度，特别是从当下文化与旅游结合角度着眼的作品不多,十分需要一套全面系统地介绍丝绸之路文物故事的读物。令人欣喜的是,西安出版社组织策划了这套颇具规模的"丝路物语"书系,并由李炳武先生担任主编,弥补了这一缺憾。李炳武先生曾经长期在文物文化领域工作,也主持过"中华国宝·陕西珍贵文物集成""长安学丛书"和《陕西文物旅游博览》等大型文物类图书的编纂工作,得到了业界的充分肯定;加之丛书的作者都是有专业素养的学者,从而保证了书稿的质量。

如何驾驭丝绸之路这样一个纵贯远古到当今、横贯地中海到华夏大地的话题,对于所有编写者来说,都是具有挑战性的。这套书的优点或者说特点,可以概括为以下几个方面:

这套书最大的一个优点,就是大而全。从宏观的视野,用简明的线条,对陆上丝绸之路的博物馆、大遗址进行了全景式梳理,精心遴选主要文物,这些国宝的历史、艺术和科学价值在字里行间一一呈现。

丝绸之路文化遗产类型丰富,作者在文中并没有局限于文物本身的解读,还根据文物的特点做了大量的知识拓展,包括服饰的流变,宗教的传播,马匹的驯化,葡萄等水果的东传,纸张的发明和不断改进,医学的发展,乐器、绘画、雕刻、建筑、织物、陶瓷等视觉艺术的交互影响,等等。其中既有交往的结果,也有战争的推动。总体而言,这些内容是讲述丝绸之路时所不可或缺的内容,使读者透过文物认识了丝绸之路丰富的文化内涵。

值得称道的是,这套书采取探索与普及相结合的方式,图文并茂,力求避免学究气的艰涩笔调,加入故事性、趣味性,使文字更具可读性,达到雅俗共赏的目的。通过图书这一载体,能够使读者静静地品味和欣赏这些文物,传达出对历史的沉思和感悟,完善自己对文物、丝绸之路和文化的认知。读过这套书后,相信读者都会开卷有益,收获多多,文物在我们眼中也将会是另一番面貌。

我们有幸正处于坚持以人民为中心的改革发展伟大时代,每一件文物,都维系着民族的精神,让文物活起来,定会深入人心、蔚为大观。此次李炳武先生请我写序,初颇踌躇,披卷读来,犹如一场旅行,神游历史时空之浩渺无垠,遐思华夏文化之博大精深。兼善天下,感物化人历来是每一个中国知识分子的精神所属,若序言能为一部作品锦上添花,得而为普及民众的文物保护意识起到促进作用,何乐而不为?

是为序。

· 郑欣淼 ·
原中国文化部副部长、故宫博物院原院长、中华诗词学会会长、著名历史文化学者。

序二

丝路物语话沧桑

李炳武

2013年9月,中国国家主席习近平访问哈萨克斯坦时,在纳扎尔巴耶夫大学发表演讲,首次提出共同构建"丝绸之路经济带"的宏伟倡议。2014年6月,"丝绸之路:长安—天山廊道的路网"成功跻身《世界文化遗产名录》。

丝绸之路是世界上路线最长、影响最大的文化线路。丝绸之路是指起始于古代中国的政治、经济、文化中心—古都长安(今西安)连接亚洲、非洲和欧洲的古代陆上商业贸易路线。它跨越陇山山脉,穿过河西走廊,通过玉门关和阳关,抵达新疆,沿绿洲和帕米尔高原通过中亚、西亚和北非,最终抵达非洲和欧洲,向南延伸到印度次大陆。这条伟大的道路沟通了中国、印度、希腊三大文明,它是一条东方与西方之间经济、政治、文化进行交流的主要道路,促进了欧亚大陆不同国家、不同文明之间在商贸、宗教、文化以及民族等方面的交流与融合,为人类社会的共同发展和繁荣做出了卓越贡献。

公元前138年,使者张骞受汉武帝派遣从陇西出发,出使月氏。13年中,他的足迹踏遍天山南北和中亚、西亚各地。在随后的2000多年间,无数商贾、旅人沿着张骞的足迹,穿越驼铃叮当的沙漠、炊烟袅袅的草原、飞沙走石的戈壁,来往于各国之间,带来了印度、阿拉伯、波斯和欧洲的玻璃、红酒、马匹、宗教、科技和艺术,带走了中国的丝绸、漆器、瓷器和四大发明,举世闻名的丝绸之路渐渐形成。

用"丝绸之路"来形容古代中国与西方的文明交流,最早出自德国著名地理学家李希霍芬1877年所著的《中国——我的旅行成果》一书。由于这个命名贴切写实而又富有诗意,很快得到学术界的认可,并风靡世界。

近年来,丝绸之路迎来了新的历史机遇,沿丝绸之路寻访探秘的人络绎不绝。发展丝路经济,研究丝路文明,观赏丝路文物成了新时代的社会热潮。中央文化产业发展专项资金资助项目"丝路物语"书系,便应运而生。在本书和读者见面之际,作为长安学研究者、"丝路物语"书系的主编,就该书的选题范围、研究对象、编写特色及意义赘述于下:

"丝路物语"书系,以"丝绸之路:长安—天山廊道的路网"遗产及相关博物馆为选题范围。该遗产项目的线路跨度近5000千米,沿线包括了中心城镇遗迹、商贸城市、聚落遗迹、交通遗迹、宗教遗迹和关联遗迹五类代表性遗迹以及沿途丰富的特色地理环境。共计包括三个国家的33处遗产点,其中吉尔吉斯斯坦境内3处,哈萨克斯坦境内8处,中国境内22处。属丝绸之路东段的重要组成部分,在丝绸之路交通与交流体系中具有独特的起始地位和突出的代表性。它形成于公元前2世纪,兴盛于公元6至14世纪,沿用至16世纪,连接了东亚和中亚大陆上的中原地区、河西走廊、天山南北与七河地区四个地理区域，分布于今中华人民共和国、哈萨克斯坦共和国和吉尔吉斯斯坦共和国境内。沿线遗迹或壮观巍峨，或鬼斧神工，或华丽精美，见证了欧亚大陆在公元前2世纪至公元16世纪之间人类文明进步的重要阶段，以及在这段时间内多元文化并存的鲜明特色。

"丝路物语"书系，每册聚焦古丝绸之路上的一座博物馆、一处古遗址或一座石窟寺，力求立体全面地展示丝绸之路上的历史遗存、人文故事和风土人情。这是一套丝绸之路旅游观光的文化指南，从中可观赏到汉代桑蚕基地的鎏金铜蚕，饱览敦煌石窟飞天的婀娜多姿，聆听丝路古道上的声声驼铃。古丝绸之路是人类文明的宝贵遗产，记录着社会的沧桑巨变，这也是一部启封丝路文明的记忆之书。

"丝路物语"书系，以阐释文物为重点。文物是中华民族的精神标识。"要让收藏在博物馆里的文物、陈列在广阔大地上的遗产、书写在古籍里的文字都活起来。"这对于激发人民群众对中华优秀传统文化的了解、认同和热爱，坚定文化自信，汇聚发展力量不可小觑。

文物是不可再生的国之珍宝，从中可折射出人类文明的恒久魅力。对文化的认同感与归属感应当成为一种生活状态。我们从梳理丝绸之路沿线博物馆馆藏文物、石窟寺或大遗址为契机，从文化的立场阐释文物的历史意义，每篇文章涵盖了文物信息的描述、历史背景的介绍、文物价值的分享和知识链接等板块，在聚焦视角上兼顾学术作品的思想层与通俗作品的故事层双重属性，清晰地再现文物从物质性到精神性的深层转变，着力探讨文物作为一种精神力量对历史的思考。用时空线索描绘丝绸之路的卓越风华，为读者梳理丝绸之路的文化影响，以文物揭示历史规律，彰显更深层、更本质的文化自信，激发读者的民族自豪感。"丝路物语"书系以文物为研究对象，从中甄选国宝菁华，讲述它们的前世今生。试图让读者从中感受始皇地下军团的烈烈秦风，惊叹西汉马踏匈奴的雄浑奔放，仰慕大唐《阙楼仪仗图》的盛世恢宏，这是一部积淀文化自信的启智之作。

"丝路物语"书系，以互动可读为特色。在大众传媒多元数字化的背景下，综合运用现代科技的引进更能推动文化传播的演变进入一个崭新的领域，相契于文字的解读，更透出传统文化的深邃意蕴。为多维度营造文化解读的可能性，吸引更多公众喜欢文物、阅读文物，"丝路物语"可谓设计精良，处处体现出反复构思、创新的态度。设计重点关注视觉交流的层面，借助丰富的图像资料和多媒体技术大幅强化传统文化元素可视、可听、可观的直接特征，有效提升文化遗产多维度的观感效果。古人著书立说重字画兼备，"宣物莫大于言，存形莫善于画"，所以由"图书"一词合称。本书系选用了大量专业文物图片，整体、局部、多角度展示，让读者在阅读文字之余通过精美的图片感受文化的震撼与感动，让读者更好地认知历史、感知经典，体验当代创新之趣。

"丝路物语"书系，以弘扬互利共赢的丝路精神为使命。"丝绸之路：长安—天山廊道的路网"在东亚古老的华夏文明中心和中亚历史悠久的区域性文明中心之间建立起长距离的交通联系,在游牧与定居、东亚与中亚等文明交流中具有重要意义,并见证了古代亚欧大陆人类文明与文化发展的主要脉络及若干重要历史阶段以及突出的多元文化特征,是人类进行长距离交通、商贸、文化、宗教、技术以及民族等方面长期交流与融合的文化线路杰出范例。

2000多年前,我们的先辈筚路蓝缕,穿越草原沙漠,开辟出联通亚欧非的陆上丝绸之路。这不仅是一条通商易货之道,更是一条文化交流之路。沿着古丝绸之路,中国将丝绸、瓷器、漆器、铁器传到西方,也为中国带来了胡椒、亚麻、香料、葡萄、石榴。沿着古丝绸之路,佛教、伊斯兰教及阿拉伯的天文、历法、医药传入中国,中国的四大发明、养蚕技术也由此传向世界。更为重要的是,商品和文化交流带来了观念创新。比如,佛教源自印度,却在中国发扬光大,在东南亚得到传承。儒家文化起源于中国,却受到欧洲莱布尼茨、伏尔泰等思想家的推崇。这是交流的魅力,互鉴的成果。这些各国不同的异质文化,犹如新鲜血液注入华夏文化肌体,使脉搏跳动更为雄健有力。古丝绸之路绵亘万里,延续千年,积淀了以和平合作、开放包容、互学互鉴、互利共赢为核心的丝路精神。

新时代、新丝路、新长安。2017年,习近平主席在"'一带一路'国际合作高峰论坛"上指出:古丝绸之路是人类文明的宝贵遗产。为让这些遗产、文物鲜活起来,西安出版社策划出版的"丝路物语"书系,承载着别样的期许与厚望,旨在以丝绸之路的隽永品格对话当代社会的文化建构，以高度的文化自觉唤醒当代社会的文化自信。

我们作为丝绸之路起点长安的文化工作者，更应该饱含对传统文化的深厚感情，自觉担负起实现中华民族伟大复兴的历史重任，充分运用长安学的最新研究成果，为保护、研究和传承人类文明的宝贵遗产尽心尽力，助推"一带一路"伟大事业的蓬勃发展。

精品力作是出版社的立身之本，亦是文化工作者的社会担当。"丝路物语"书系的出版，凝聚着众多写作和编辑人员的思考与汗水。借此，特别感谢郑欣淼部长的热情赐序；感谢策划人、西安出版社社长屈炳耀先生的睿智选题与热情相邀；感谢相关遗址、博物馆领导的支持和富有专业素养的学者和摄影人员的精心创作；更要感谢西安出版社副总编辑李宗保和编辑张正原认真负责、卓有成效的工作。

"丝路物语"书系的出版虽为刍荛之议、管窥之见，但西安出版社聆听时代声音、承担时代使命以及致力于激活文化遗产、传播中国声音的决心定将引领其走向更远的未来。

是为序。

·李炳武·

陕西省文物局原副局长、陕西省文史馆原馆长、"长安学"创始人、陕西师范大学国际长安学研究院首任院长、三秦文化研究会会长、长安学研究中心主任、著名历史文化学者。

布袋和尚云龙纹滚墩石　关中民俗艺术博物院

建筑构件篇

- 056　石牌坊及其建筑构件艺术
- 066　门墩石
- 080　柱础石
- 098　石门艺术

第二章　石雕艺术篇

- 118　拴马桩
- 162　上马石
- 170　石马槽
- 180　石雕瑞兽

目录

001 开篇词

002 关中民俗艺术博物院是一所大学校

第一章 民居建筑篇

010 赵家门楼

016 阎敬铭宅院

024 崔家槐院

030 孙丕扬宅院

040 耿元耀宅院

048 孙福堂宅院

开篇词

关中民俗艺术博物院

"北看故宫，西看关博"，说的就是去北京要看故宫，来西安要看关中民俗艺术博物院。关中民俗艺术博物院被誉为"民间故宫"，足见其建筑的规格之高、规模之大。

古代建筑文化是中国传统文化的组成部分。古建筑是不可再生的珍贵文化遗产，是传统建筑文化的载体，是古代历史脉络和社会习俗的活化石，是学习研究古代建筑文化的经典范例。关中民俗艺术博物院抢救保护、研究展示古建筑，旨在铭记历史、致敬先人、守望家园，增强中华民族的文化自信。

关中民俗艺术博物院是一所大学校

关博院北望长安，帝都风貌，近在咫尺；南靠五台，层峦叠嶂，巍然高竦；东眺翠华，奇石磊磊，纵目即见；西观沣峪，清波潺潺，侧耳可闻。

关博集大美，古色古香建筑史诗，原汁原味民俗瑰宝。

关博涵大德，矢志保留炎黄根脉，呕心守护华夏精魂。

关博蕴大功，弘道修德观风增识，崇文培才览物进学。

关博有大言，非遗明珠熠熠不言，精神家园泱泱自书。

关博藏大爱，以文化人呈艺育美，以物涤人修身正心。

关中民俗艺术博物院（以下简称"关博院"）是一所学校，是一所自然与人文、历史与现代、知识与实物、典籍与故事、静态与动态、理论与实践完美融合、鲜活演绎的极富魅力的大学校；是一所融历史、语文、数学、民俗、建筑、考古、雕刻、音乐、书法、绘画、自然、地理、宗教、美学、风水、楹联等多学科的综合性大学校;是一所既有历史沧桑感、文化厚重感、审美情趣感、深邃哲理感、民族自豪感,又有现场真实感、活泼生动感、生活场景感、亲身参与感、团结协作感的自然、人文大学校;是一所孩子们能身临其境地接触、现场感受中华传统美德和优秀传统文化,成年人可唤醒远去的童心,激发不能忘却的初心,华裔可寻根探源,触摸感受优秀传统文化,学习体验民俗技艺,坚定文化自信和民族自信的人生大学校。

长安几曾耀中华,风流谁不数关中。古代的长安,是中国历史上建都朝代最多、时间最长、影响最大的都城。自武帝时张骞出使西域,开通商道,长安城成为连接欧亚的桥梁、"丝绸之路"的起点。关中,《后汉书》里写到沃野千里的关中,"此所谓金城千里,天府之国。"

追往昔,漫漫古道上,骆铃声声,马嘶鸟鸣,长安的丝绸、瓷器、茶叶等传到西方,带回了石榴、葡萄、核桃等稀有物产。充分保护和利用好丝路民俗文物、文化遗产,讲好丝路故事,是推动文化跨越发展的重大抉择。

关博院北望长安,帝都风貌,近在咫尺;南靠五台,层峦叠嶂,巍然高耸;东眺翠华,奇石磊磊,纵目即见;西观沣峪,清波潺潺,侧耳可闻。钟灵毓秀之地,气聚风和之所,人称"天然氧吧",古有"地肺"之称,均可见此处是天地人和谐共处、儒释道交相辉映、人文精神非常深厚、自然生态极其优越的地方。院内绿茵覆地,碧水映天,四季鲜花,万株嘉树,处处郁郁葱葱,时时莺歌燕舞。真可谓"一园花木数池水,千载国风四海人",与周围环境表里相依,浑然一体,成为广大游客流连忘返、赞叹不已的又一自然景观。

三十余年来，关博院收集、抢救保护周秦汉唐以来历代石雕、木雕、砖雕等民俗器物4万余件（套），其中，迁复建的40院古民居、旧戏楼等蔚为壮观；8600多根拴马桩栩栩如生；数千幅古今字画墨香满室；千余件金玉器具流光溢彩。再加上许多非物质文化遗产、戏曲、作坊等，从不同侧面集中反映了关中地区数千年来各民族生存、发展的风貌，全方位展示了我国石刻艺术鬼斧神工般的魅力，是中国北方各民族生活和文化交流融合的历史见证，形成了民族文化的基因仓和标本库。

关博院代表着中华文化和文明的收藏，从不同侧面反映了中华民族特别是关中地区人民同各少数民族以及丝路沿线（周边）国家、地区的民风、民俗、民情、民艺等历史风貌；见证了"丝路"各国（或地区）、各族的发展繁荣、民心相通、文明互鉴、和平共处、世代友好的千丝万缕、密不可分的关系。是中华民族与"丝路"各国政治互信、军事共识、经济双赢、科技同享、文明交融、文化俱进的金石证明；是"丝路"文化形神毕肖、栩栩如生、立体而全面、生动而深刻的解读诠释；更是"丝路"将再次造福沿途国家、周

古院生辉

关中民俗艺术博物院一角

边地区的无可辩驳、不容置疑的历史根据。相信这些包罗古今、荟萃中外的藏品，一定会成为新时期"丝路"文化长廊中一颗璀璨耀眼的明珠，一处靓丽多彩的窗口，一张魅力四射的名片，一道让人耳目一新的风景线，一座中华传统文化的大成殿，一个丝路各国文化共享的百花园。

千年丝路美名扬，一带一路续辉煌。古代丝绸之路迢遥数万里、绵延几千年。在文明互鉴、商品流通、经济交往、宗教传播等方面，丝路沿线各国人民共同谱写了史诗般的乐章，也在古长安文化史册上留下了光辉的一页。关博院为落实习总书记"一个博物院就是一所大学校"的重要指示，决心坚持"道路自信，理论自信，制度自信，文化自信"的方向和原则，进一步加大民间文化遗产保护利用力度，持续推进参与公共文化服务，大力传承丝路精神，全力参与并助推与"一带一路"沿线国家文化上的多元

国家级非物质文化遗产华阴老腔教、学、唱

交融、广泛合作、深入对接、共同提高、全面创新、齐步前进。在构建文化命运共同体、扩大中华文化国际影响力、实现天下大同的抱负理想这一伟大事业中，做出新的更大的贡献，积极把关博院建设成一所弘道修德、观风增识、崇文培才、览物进学、呈艺育美的大学校，为我国文博旅游事业增添新的活力！正如中国民间文艺家协会副主席、关博院院长王勇超研究员所说：博物院（馆）不仅要抢救文化遗产、保存各类文物、珍藏民族记忆、守护中华文明；也不仅具有研究、探索、分类、展示、讲述中国故事、传播中国声音的功能；也不仅仅是一种文化、文物、旅游行业；更重要的是要把传承中华传统美德、提高民众道德素质作为自己的光荣使命和义不容辞的责任。简而言之，就是让博物院（馆）的职能完成由"护物"到"化人"的重大转型，由以藏物为主到以育人为主的积极转变。

第一章 民居建筑篇

赵家门楼

> 台仰怀清清辉一片镰峰月，门高通德德泽千尺金水波。

西安关中民俗艺术博物院位于南五台山脚下，来到这里进了大门，入口便是巍然屹立、磅礴大气的赵家门楼。

赵家门楼分上下两层，高低错落，建成了中国汉字的品字形结构。正中的门额镶嵌着书法大师于右任题的"地通乾元"，再加上石匾四周雕工非常细腻的砖雕和门框上的各种昆虫、花卉图案，使原本高大雄伟的门楼显得更加辉煌壮观。

赵家门楼建于清末，是民国时期陕西国民党靖国军混成旅旅长赵树勋（1889—1949）私人庄园的入口门楼，原址位于陕西白水县纵目乡纵目村，1998年该门楼因年久失修濒临倒塌，博物院及时拆迁入库保藏，2005年复建。

赵家门楼东西长15米，南北宽5米，高13米，门洞中开，两边附带侧门，整个门楼高大雄伟。中门为巨幅石门，两边楹联为"台仰怀清清辉一片镰峰月，门高通德德泽千尺金水波。"意思是，楼台向上，心底清明，清明的像一片水中能映出镰刀弯月一样；宅第宏大，品德高尚德泽之水，水波荡漾，深达千尺。全联寓意主人心底清明，品德高尚。门楼正面饰有大量精美的石雕、砖雕图案，南北正上方镶有"地通乾元""终南霞蔚"石匾。"地通乾元"意思是此地通天，形容这里是美好的地方。

右侧门上方"光裕"二字意思是增光前代，造福后人。下方砖雕为"求仕赶考图"，画面中一个书生装束的年青人，一手指着前方，一手拿着竹扇，正驻足等待后面的书童；书童双拢后髻，身背竹筒，正急步赶上，似在呼喊前面的书生。两人的后方山石间长有奇花异草和一棵古松，前方是一处青墙黛瓦的建筑，为官署考场。这幅图反映了学子携仆人赶考的情景。

左侧门上方"福履"二字意思是福禄，福气和禄位。下方砖雕为"衣锦还乡图"。这幅图与右侧的赶考图相呼应，赶考图中的青年学子如今已顺利考中，头戴官帽，身穿官服，腰系玉带，足蹬厚底靴，手持笏板，面带微笑，一幅春风得意的神情。他正回身吩咐书童，书童的装束已换，原先的双丫髻已梳为单髻，手持琴囊，其神情也颇为兴奋。画面处处洋溢着喜庆的气氛。两人右侧有砖砌门楼，为其家宅。这幅图反映了宅子主人对子孙后代的企盼和愿望。

赵家门楼

背面左侧砖雕

背面右侧砖雕

阎敬铭宅院

知事忍事勿多事,存心动心莫欺心。

阎敬铭(1817—1892),清代陕西朝邑(今陕西大荔)人,1882年任户部尚书,1884年授东阁大学士。为官四十余年,清正廉洁,刚正不阿,以善理财著称于世,被称为"救时宰相"。

阎敬铭宅院原址位于陕西朝邑,始建于清咸丰年间,为两进两院式。分前房、东西偏院、二进门楼、东西厢房、上房。整个院落布局对称,宽敞宏伟。院内石雕、砖雕、木雕内容丰富,颇具气象。该宅院于20世纪50年代末因修三门峡水库被拆。1997年关中民俗艺术博物院经多方查考,从其后人手中征购保存下来的房屋构件及砖雕、石雕、木雕,至2004年依其族人提供的原貌照片和原址测量数据及构件实际尺度,在该院复建。

阎敬铭宅院

阎宅左偏门外西侧寿山图，为突兀耸立造型奇特的山石，呈灵芝状，图中线条明快，峰回路转，变化无穷，寓意寿比南山，长生不老。阎宅左偏门对联："知事忍事勿多事，存心动心莫欺心。"反映宅主人对仆人的教诲：要懂得事理，不讲不该讲的话，不管不该管的事；要做有心人，动脑思考问题，做事不要违背自己的良心。院内右侧墙体砖雕"渔樵归来图"分为三部分，上层为长方形，边框饰有斜着串联的"卍"字和博古等纹

阎宅大门

阎宅二进门楼

饰；中间条框内饰杂宝与夔龙纹；下层为圭台，饰有瑞兽纹。图中左右两侧为突兀耸立的山石，下方有一老者行走在山间小道上，头戴蓑笠，肩扛鱼竿，背驮渔网。左侧山石顶上有个童子背一捆柴。右侧山石间生出一棵葡萄树，藤枝粗壮互相缠绕而上，果叶丰茂，引来四只松鼠。葡萄多籽，谐音"多子"；渔夫打鱼归来，樵夫打柴归来，寓意任何事只要肯付出就会有回报，也是丰收的象征。院内左侧墙体砖雕"莲生贵子图"分为三部分，上层为长方形，边框一周串联的"卍"字纹；中间是条框，边框一周

砖雕 莲生贵子图

砖雕 渔樵归来图

七间大殿马头墙

饰莲纹，内饰杂宝纹；下层为圭台。图中为波浪翻滚的水面，水中数枝莲花相继盛开。其中一朵莲花上站立一个童子，童子左手持长枪，右臂直挥，左腿直立于莲花上，右腿弯曲抬起。孩童寓意多子，主人希望多添子孙，后辈兴旺。院内门楼两侧砖雕雕刻"福、寿"二字，显现主人祈盼"大福大寿，福寿双全"的美好意愿。院内左侧砖雕"长安八景图"，图案分别描绘了长安八景，即华岳仙掌，骊山晚照，灞柳风雪，草堂烟雾，雁塔晨钟，曲江流饮，太白积雪，咸阳古渡。古有诗赞"华岳仙掌首一景，骊山晚照光明显，灞柳风雪扑满面，草堂烟雾紧相连，雁塔晨钟响城南，曲江流饮团团转，太白积雪六月天，咸阳古渡几千年。"院内左侧砖雕"一路清廉图"雕刻有鹭鸶和莲花,"鹭"与"路"谐音,"莲"与"廉"谐音,故称为一路清廉,反映宅主人清明、廉洁的高尚品质。院内左侧砖雕"三羊开泰""鹿鹤祝寿图",此图为宅主人祝福祝寿,大吉大利。

阎宅为二进院,上房为七间大殿,主殿门楣上雕有龙凤呈祥,金蝠献瑞等吉祥图案,雕梁画栋,图案与镂空木雕的映衬,虚实结合,融为一体,体现出了关中民居的大气磅礴,砖、木、石三雕精美绝伦,从容雅致,不曾因为岁月而失色。大殿两侧的马头墙,又称"封火墙",主要功能为防火防盗,墙体砖雕细致精美,是宅主人身份和地位的象征和体现。

阎敬铭任宰相期间,在今天陕西的大荔县主持兴建的"丰图义仓"占地20多亩,储粮800多万斤,被慈禧太后御笔朱批为"天下第一仓"。在建仓十年之时,陕西就遭遇了大灾荒,阎敬铭及时开仓救济,被人们称之为"救时宰相"。

在阎敬铭任户部尚书、军机大臣期间,正值国家财政困难,聚敛国库,以装练海军、增强国力的时候,慈禧太后强令光绪皇帝下诏,动用大量国库银两,为其修筑"颐和园"。光绪皇帝不敢违抗,立即按照太后懿旨,任命洋务大臣李鸿章为统领,即日筹划动工修建。阎敬铭闻知内情,便以库银缺少,坚决不予支付,并多次上奏皇帝、太后缓建颐和园,但没有奏效,遭到了革职之罚。

阎敬铭宅院见证了百余年的历史沧桑,也见证了民族兴衰变迁,是爱国主义教育和研究中国建筑史的活教材。

崔家槐院

> 宅院狭长幽深，房屋高低错落有致，是关中地区古民居的典型代表。

崔家槐院，宅院主人崔疙瘩，生卒年月不详，陕西澄城人。清咸丰年间经营烟酒糖茶生意，到光绪年间，其曾孙崔彦彦生意越做越大，花银捐府台四品虚衔的官名。宅院由六院扩建成十二院，其后家道渐衰，仅剩三院。宅院为三进三院式，有前房、东西厦房、腰房、上房。宅院狭长幽深，房屋高低错落有致，是关中地区古民居的典型代表。原址在陕西澄城县城北，2003年6月因城区改造即将拆除时，被我院抢救性拆迁入库保藏，2005年在本院复建。

院门入口右侧砖雕"梅花双鹿图"：寓意生意兴旺，招财进宝。崔宅大门入口左侧砖雕"松鹤延年图"：松鹤二者多寿，人们常以此来祝颂老

崔家槐院

崔宅大门右侧砖雕 梅花双鹿图

崔宅大门左侧砖雕 松鹤延年图

崔宅二进门"光裕"石匾

崔宅厦房

者,延年益寿。寓意事业延续持久、兴旺发达。

院内二进门楼石匾"光裕":增光前代,造福后人,反映了主人内心的期望。

二进院内东西厦房之间有天井,厦房为陕西典型的"房子半边盖"造型,下雨天雨水会顺着屋檐流向院内天井,由排水道流入后院水窖,经沉淀后作为生活用水使用。这就是民间所说的"肥水不流外人田"。腰房为古建筑中的"客厅",腰房两侧墙上为博物院抢救保护古民居之前所拍照片,是古民居原风貌的历史资料,也是保护古民居的见证。上房为家族的最高长辈居住的地方,贵客经允许之后方可进入,普通客人不可入此房内,也是封建等级制度的一种体现。

孙丕扬宅院

良田有种图堪味，书德是福心无尘。

孙丕扬（1531—1614），陕西富平人，明代"三朝元老"。曾任大理丞、吏部尚书等职，一生任职长达五六十年，直到81岁拜疏归家。万历四十二年病逝，享年83岁。赠太保，后又追谥恭介。宅院原址位于陕西富平，始建于明隆庆后期，为两进两院式。有前房，西侧有偏院门房两间，二道门内西侧有厢房，东侧有千年古槐一株，边立孙丕扬所撰家族碑两块。正面有上房五间，西侧有后偏院及北房。加之石、砖、木雕丰富多彩，整个宅院格局独特，宽大雄伟。2003年4月至2004年底迁复建入院。

孙宅门口上马石，也叫下马石，是供人上下马所使用的辅助工具，与拴马桩配套而用，一般置于大门两侧。官宦人家门前都设置上马石和拴马

孙宅大门

三朝元老石匾

桩。上马石上的浮雕纹饰,图案多为麒麟瑞兽,往往与主人的身份地位相匹配。石上雕以云纹图案,与大门和影壁相呼应,增加门前空间的富丽,主人用它来镇宅辟邪。

孙宅大门对联:"良田有种图堪味,书德是福心无尘。"意即自己的良田自己耕种,收获的东西吃在口中,就能品出史好的味道;读书明理,品德高尚是一种福气,多读好书心里就会纯净,不存有灰尘。寓意多读好书能使人心底清明、品德高尚。

院内二进门楼上方镶嵌"大明万历二十八年三朝元老"石匾。孙丕扬一生为官,辅佐了三位皇帝,即嘉靖(世宗朱厚熜)、隆庆(穆宗朱载垕)和万历(神宗朱翊钧),以此匾作为对孙丕扬为官的赞颂和纪念。

砖雕 五子夺冠图

院内左侧砖雕"五子夺冠图",其典故为,五代后周人窦禹钧教子有方,他的五个儿子先后考中进士,留下"五子同科"或"五子登科"的佳话。民间绘画常用五子戏夺冠帽,暗喻科考高中,仕途顺利。寓意宅主人重视人才,期望后人仕途远大,前程无量。

院内右侧拱形门上方砖雕文字"千祥"寓意八方来福,富贵无边。院内左侧拱形门上方砖雕文字"诚致"即真诚的表达,寓意真心实意。锦堂清韵,即锦绣的殿堂上散发着清新芳香的韵味,寓指文人墨客家中洋溢翰墨书香。

二进门两侧石对联:"勤俭传家积乃祖绪,诗书启后贻厥孙谋。"意思是说要用克勤克俭作为传家之宝来传家,要继承祖辈的世业;以诗书教育后代,把知识遗留给子孙。二进门石门对联:"积金积粟积阴德传家至计,勤商勤农勤诗书教子良图。"意思是说积攒金钱,积攒粮食,存好心做善事,这是传家的最好计策;努力经商,努力务农,努力读书求知识,这是教育子女的最优谋划。此联讲的是处世准则,治家格言,凝炼中肯,足资借鉴。

二进院内迎面石雕影壁"福禄寿喜图",影壁中心为石雕图案,有蝙蝠、梅花、竹子、鹿、海水等,分别寓意五福临门、喜上眉梢、竹报平安、加官进禄、福寿延年,文化内涵极为丰富。

二进门内右侧有国槐一棵,直径1.7米,从宅院原址移植而来。据当地县志记载,这是唐末的一棵槐树,距今已经有上千年的树龄了,是博

院内右侧拱形门上方砖雕文字"千祥"　　　　院内左侧拱形门上方砖雕文字"诚致"

物院抢救保护的古树名木中树龄最高的一棵。院内有两座石碑均为万历二十八年孙丕扬家族石碑,是其后辈捐立在博物院的。

院内中央是金代"承安年石缸",沙石质地,民间用作消防缸,也称太平缸。古代砖木结构的院落均有此类石缸,作为消防缸使用,皇家园林使用的是铸铜鎏金大缸。

二进门内右侧砖雕"多子多侯图",葡萄多籽谐音"多子","猴"与"侯"谐音,故名为多子多侯,反映宅院主人希望子孙后代能加官晋爵,有所作为。

二进门内左侧砖雕"功名万代图",公鸡打鸣,谐音功名,葡萄的枝蔓缠绕,寓意延续不断,寓意功名万代。

孙丕扬在为官期间刚正不阿,不徇私情。明史记载:万历二十二年(1594),孙丕扬官拜吏部尚书。任职期间,朝中百官不敢私自请托他

唐代国槐

砖雕 多子多侯图

砖雕 功名万代图

孙丕扬宅院上房

办事。为杜绝太监破例请托,他创制"掣签法"。签以竹为之,大选(凡听选及考定升降者归之双月,谓之"大选"),急选(凡教授、改制、丁忧、候补、归之单月,谓之"急选"),是在选官者资历相当的情况下,悉听其人当堂抽签选择。如此,谁也不能随意托关系走后门。一时选人盛称无私,是为当时官吏考选制度的一大改进,深为后人赞颂。

耿元耀宅院

一日康强蒙神佑，四序平安赖圣扶。

耿家宅院，宅主人耿元耀，生卒年月不详，陕西澄城人，光绪二十三年武举。宅院为四合围院式，有前房（两层）、影壁、东西厢房和上房（为一排窑洞），为陕西渭北地区常见的前房后窑式格局。建筑规模宏大，风格独特。窑洞前方筑有宽敞轩廊，廊亭间架结构考究，石雕、砖雕、木雕精彩纷呈。尤其廊亭正上方悬挂的木匾"朝元山房"，系明代大书法家董其昌作品，使宅院愈加生辉。1999年该宅院面临拆旧新建，关中民俗艺术博物院及时拆迁入库保藏，2003年10月复建。耿元耀有三子，长子耿直，陆军中将，是辛亥革命的先驱，也是陕西民国史上有影响的风云人物。次子耿庄，国民联军少将，新中国成立后任陕西省文史馆馆员。幼子耿虚，

耿宅门房西墙砖雕 狮子戏绣球图

影壁

早逝。耿宅大门对联："一日康强蒙神佑，四序平安赖圣扶。"意思是说每一天之所以健康强壮，是承蒙神灵的保佑；四季之所以平安，是依赖圣人的扶持。

大门两侧各有砖雕"狮子戏绣球图"，图中狮子双耳斜耸，人眼突目，颈戴项圈，下挂响铃。身旁系一绣球，行走于山石之间，气势凶猛。此图作镇宅保平安之用。

进入大门映入眼帘的是呈"品"字形的砖雕照壁"麒麟望日图"，麒麟是人们心目中的祥瑞神兽，它威而不害，不践生灵，不折草木。沐浴在光辉之中，形象愈显威猛，时刻保护着宅院安宁，充分体现了主人盼望安宁平静生活的意愿。照壁两侧雕有花中四君子——梅、兰、竹、菊，梅花象征忠烈，兰花象征高洁和坚贞不屈，竹子象征清雅高尚，菊花则象征安居乐业，这些都表现了主人的高雅品质。耿宅为一进院式，院内东西厢房上雕刻彩绘木雕图案，有长坂坡、煮酒论英雄、三英战吕布，这些都是取自三国演义中的场景和英雄人物，表现了宅主人的尚武情结。

照壁砖雕 梅兰

照壁砖雕 竹菊

耿元耀宅院一角

耿宅影壁背面八仙过海砖雕

耿宅上房是很有西北特色的窑洞，是用砖箍起来的，窑洞前有长廊，窑洞和长廊结合也是耿宅的一大特色。窑面上方砖雕一组"八仙过海人物图"，自西向东依次为：曹国舅、蓝采和、何仙姑、汉钟离、铁拐李、韩湘子、张果老、吕洞宾。民间相传"八仙过海，各显神通"，宅主人希望自己的子孙能够像八仙一样各显其能，齐心协力，共同建设美好家园。

孙福堂宅院

几百年人家无非积善,第一等事业还是读书。

孙福堂(1883—1957),又名孙培茂,字植斋,生于光绪九年(1883),陕西澄城县罗家洼人。他早年从商,1938年到西安、泾阳经营"福茂协银号",并运销制作茶叶、水烟等。他为家乡修桥铺路、资助教育,善名颇丰。宅院是由其祖上始建于清乾隆年间,其后几百年曾翻修、扩建过。该宅院充分反映了渭北之农耕商贾富裕之家的面貌,文化色彩颇浓。院落为两进院式,分正院和东西偏院。正院及两偏院前房(二层)为一整体,院内有腰房五间,上房为两层,上下各九间,院东侧有窑洞六孔,是渭北澄城地区较为典型的前房后窑式院落。该宅院年久失修,面临拆旧建新,2006至2008年迁建入院。

孙福堂宅院

孙宅腰房

　　孙宅门房右侧兵器展厅陈列的有古代刀、枪、剑、戟、斧、钺、钩、叉等十八般兵器，还有近代兵器，如火枪、盒子枪、炮弹壳等。

　　孙宅门房左侧度量衡展厅。度量衡的发展大约始于父系氏族社会末期。计量长短的器具称为度，测定计算容积的器皿称为量，测量物体轻重的工具称为衡。博物院目前所展出的是自汉唐以来历代所使用的度量衡器具。

孙宅影壁

　　有大杆子秤和各式各样的秤砣、各类方斗与升子以及用来称量贵重药材及金银的象牙或乌木制作的戥子。

　　孙宅后院左侧有窑洞两间,窑面砖雕细腻精致,石对联"几百年人家无非积善,第一等事业还是读书"寓意深刻。

　　孙宅上房为上下两层九开间大殿,石、木、砖三雕相互映衬,气势磅礴。

孙宅上房

后院右侧墙体有汉代画像石展廊。右侧立一石碑,是东北王张作霖所书的"光绪二十三年重修天地庙孔圣庙三官庙碑记"石碑。

孙福堂为家乡做公益事颇多,修建域河、雷家河、培济桥并资助卫生事业等,抗战胜利后,生意日渐衰落,1957年病逝,终年74岁。

第二章 建筑构件篇

石牌坊及其建筑构件艺术

明清时期石雕艺术的兴盛主要源于社会的发展。当时城市手工业、商业经济发展，社会上的建筑增多，如钟鼓楼、市牌坊、道观寺院及王府、庭院、官方建筑，还有封建贵族官僚、富裕家庭，对宅院及环境都有了要求，这些都便以展示自己的身份地位，同时反映了人们的艺术欣赏水平有所提高。

石牌楼在古代建筑中比较常见，而在高速发展的今天，遗留下来的较原先而言大大减少。

牌坊，又称牌楼、坊，属中国传统建筑，起源于中国建筑群的大门，早期称之为"衡门"，又称二柱门，就是在两根直立的木柱子上面加一条横木组成门，多数为普通民居建筑的院门。隋唐时期，是在大门两根高立柱上出头的顶端套上黑色陶罐做装饰，并可防止雨水的侵蚀，在两高立柱间安装门扇，故此门被称为"乌头门"，又称棂星门。南宋时期建于孔庙内、坛庙和陵墓中，表达崇敬之情。

独立牌坊是在"乌头门"基础上发展而来。早在汉唐时期里坊制度中，特别是唐代时期的布局是有一定的格局，京城长安有108坊。城中的里坊，有坊墙、坊门，坊门已经出现重楼，建得高大。据载，里坊居住的人做了好事，就会被写入通告张贴在坊门上，以示褒奖，这就呈现了新的功能。为了加强坊门的这一功能并延长保存时间，人们改用坚固的材料建坊门，上面雕刻褒奖事由，也就是今天所见的石牌坊。到了宋代里坊制度逐渐衰落，特别是商业和手工业得到发展，包围里坊墙被拆除，坊门仅成虚设，成了装饰性建筑。随之却修建更加完美，屋檐扩建成歇山、悬山并铺瓦，增加斗拱，基座也随之增大。立柱造型出现方形、圆形、亚字形等。下垂柱石也称滚墩石、夹柱石，下置长方体型座，有的属须弥座等。石牌坊初期完全仿木牌坊，关于其分类，学者们从不同角度划分：按材料分有木牌坊、石牌坊、砖牌坊、琉璃牌坊等；按照立柱的数量及形成间数可分为一间两柱牌坊、三间四柱牌坊、五间六柱牌坊等。还有学者根据不同的功能作用分为：标志性牌坊，位于寺庙、宫殿、陵墓等建筑群前面作为这组建筑的一个标志；纪念性牌坊，古代时为了纪念一事或一人，在当地建立牌楼，把人名及事迹刻在其上以资纪念，其内容多为宣扬忠孝节义；还有大门式牌楼、装饰性牌楼等（见张道一、唐家路主编《中国古代建筑·石雕》）。

　　西安关中民俗艺术博物院收藏了一批石牌楼的建筑构件，主要是滚墩石，也称之为夹柱石、石基座，檐下石额枋与花板。滚墩石，在中部雕刻圆鼓形装饰，故称之。主要装置在牌楼、桥头与石栏杆端、大门前两侧等，起加固与装饰作用。一般分为顶、体、座三部分，顶为立体雕动物、人物或其他，体造型近似直角三角形，一直角边为加固立柱，另一直角边为底，斜边呈近"S"形，中部有"S"形与圆鼓形组成，底由座与基座组成。还有一种类型与其相似，只是圆鼓形雕为长方形，斜边为方折，故称为"方滚墩石"。石牌楼座均为长方体，顶面中为圆孔或方孔，用以安装石柱，两侧长方形凹槽用以加固石柱装滚墩石，侧面均浮雕纹饰，下有基座。石额枋是石牌楼柱间顶上的横枋，上面多浮雕纹饰或书写文字。滚墩石、石额枋、石座均有精美的浮雕纹饰，反映了当时的石雕艺术。

狮子滚墩石，高135厘米，宽45厘米，厚18厘米，清代。滚墩石顶上蹲卧狮子，石狮粗眉大眼，长嘴，双耳后抿，鬓毛卷曲呈乳丁状。一前腿撑立，另一前腿踩球，后腿曲卧，下有台座。体圆鼓上，"S"形一侧面上浮雕一山石，山石后生一束牡丹，枝杆弯曲向上，花

狮子滚墩石

茂叶盛，两朵盛开，两朵蓓蕾，展现出自然界的无限生机，构图巧妙别致，绽开的花朵和欲放的蓓蕾，搭配得疏落有致，未沾染刻板呆滞的风气，使人感到春风吹来。牡丹以艳丽争先，春色满院，如同看到一幅春景绘画佳作。圆鼓内为麒麟，蹲卧在云朵上，回首望日，长嘴，发须后扬，一前腿撑立，另一前腿曲，后腿曲卧，胸前有火焰纹上扬，充满神秘感。另一侧面浮雕构图基本相同，不同处是圆鼓上浮雕一花枝，自下斜出而上，布满"画面"，带有图案特征。圆鼓内纹饰为山石上蹲一山兔，回首后望，双耳后抿，目光炯炯，构图取景非常紧凑，突出兔子，使"画面"内容充实，气氛浓郁。圆石鼓一面为麒麟，一面为山兔，一强一弱，强者体躯硕壮，两眼圆睁，虎视眈眈地注视着后上方，欲要回身上扑，静中有动，全身肌肉柔中有劲，活力内蕴。而弱者较之不同，曲卷身子蹲卧，灵敏活泼，圆圆的眼睛，长长的双耳，注意四周的动静，若发现强者，就立即逃走，表现出很高的警惕性和自我防卫意识，形态与神态都生动地显现出来。两者均有自身的文化内涵，都是吉祥意。江水波涛纹上托圆鼓，（底座埋入地下），下为座与基座。

  双人方滚墩石，高165厘米，最宽处42厘米，厚18厘米，清代。整体为上下两竖长方形。下一横长方形，底为座与基座组成。体顶为驯狮，一驯狮人，头戴缠头帽，从面相看属胡人，身着圆领窄袖长袍，脚穿长靴，盘腿靠狮而坐，一手支头，一手抓狮耳，仰首为休息状，狮子爬卧回首，形象生动地表现出驯狮后的辛苦劳累，但又怕狮子发威还抓着狮耳，充分

双人方滚墩石　　　　　　　　　　　　人物方滚墩石

地表现了他那欲休息又不放心的神态。二台上坐一人，头戴圆顶帽，一手放嘴里吹口哨，似在呼唤，从形象与穿着看仍是胡人。侧面上面的方框内，雕山石后一丛芙蓉挺立，舒展的枝头缀着花朵，向阳怒放，虽是数枝花叶，但仍表现出了大自然在秋高气爽时节的不息生机。下面的方框内浮雕着山石上狂奔的麒麟，身上火焰后扬，上漂浮云朵。最下方长方形框内浮雕一螭龙，长嘴巨目，独角后抿，挺胸昂首，曲长体，尾长卷，前腿而跃。另一侧面上方框内与对应的，为山石花卉纹，均为传统布局，雕刻精巧，稀疏有致，凝重中显得婀娜多姿，古拙中见清新。下面方框内雕河岸山石上回首行走的麒麟，上面花卉插入画面，最下长方形框浮雕变形云纹图案。正面最下方的方框内雕一束花草。下面底座与基座埋入地中。上述两方框内浮雕的麒麟形态独特，躯体瘦长，肌肉凸起。一个挺胸收腹，臀部蹶起，前腿腾跃，后腿力蹬，尾巴上翘而向后飘曳，显得雄健有力，另一个体形相同，回首远望，雕刻刀法简练，线条流畅，形象极为生动。座雕束腰，下为基座埋入地下。

人物方滚墩石，高135厘米，最宽处37厘米，厚16厘米，清代。人物方滚墩石分为顶、体、座三部分。顶一人，头戴尖顶圆帽，上面的璎穗由脸侧下垂，脑后垂长辫，面相丰满含笑，长袍外套马褂，翘腿弯腰坐在顶层石上，跷腿脚搭下层上，斜面下视，神形自然。体为三台阶级型，下面两台阶侧面长方形框内浮雕山水亭台、奔马与博古图等，纹饰已漫漶不清。座有束腰，下为基座，埋入地下。

布袋和尚云龙纹滚墩石，清代，顶上圆雕布袋和尚，即弥勒佛，光头，

布袋和尚云龙纹滚墩石

连云纹长方体石基座

面相丰圆,咧嘴而笑,着宽袖敞怀衣,袒胸露腹,盘腿依坐,颈带串珠,一手置胸前抚珠,旁站立一和尚(残缺)。在"S"形体侧面翻滚海水的上空飘浮祥云,其间腾跃巨龙,卷曲长体,四爪挥舞,由下向上翻滚,圆眼睁目,如意形鼻,嘴两长须上扬,双角与鬃毛向下摆动,翻云倒海,呈现出巨龙的威力,气势不可阻挡。另一面仍是海浪滚滚,空中云间有一巨龙大张巨口,翻腾舞爪。下为座与基座,埋入土中。

连云纹长方体石基座,高68厘米,宽39厘米,长135厘米,清代。基座呈长方体,顶平面,中凿圆孔,孔两端凿长方形凹槽,中部横向束腰,上部框内正背侧面长方形,与两小侧面内各浮雕卷云纹,向两侧层层展开。束腰内正背面剔底雕两"亚"字形图案,下部剔底雕圭角,平底,也称须弥座。

063

双龙戏珠纹石基座

双龙戏珠纹石基座，明代，基座呈长方体，上为座，下为基座。顶面中有方形卯，是安装石柱用的。四侧面分别浮雕龙纹，正侧两龙共戏一火珠，龙首粗长眉，大眼凸目，长鼻上卷，咧嘴龇牙，两根长须前摆，双尖耳后抿，双角向后，鬃毛上冲，长体有鳞纹，一只昂首挺胸，体卷曲向上，蛇形尾向前，挥动四爪呈"S"形，另一只曲体向下挥舞四爪，体也称"S"形，共追赶一火球。龙两侧各雕有如意云纹飘浮。下方有座山，以示双龙在高山顶上腾云翻滚戏珠。下基座中与两侧各雕刻如意云头纹，周围刻圭角，平底。

石牌坊及构件与同时期同种构件或其他石雕件，如石香炉、石门墩石、石柱、石拴马桩、石马槽等中带纪年款识中的纹样进行对比，如龙、狮子、麒麟、奔马，或人物、翎毛、花卉等就能确认其时代。这都反映了民俗石雕件具有格式化。从整体看，上述这些石牌楼构件雕刻艺术水平较高，属于民间艺术。民间艺人雕刻大多有样本，即按格式样板雕刻，花鸟、动物、人物多是效法前人，也有创新作品，特别是花鸟作品。其特点构图具有极强的装饰效果。结合带有纪年铭文石雕看，其繁缛精巧，力度减弱，与明代古拙质朴风格不同，故上述石雕件均为明清代时期作品。

明清时期石雕艺术的兴盛主要源于社会的发展。当时城市手工业、商业经济发展，社会上的建筑增多，如钟鼓楼、市牌坊、道观寺院及王府、庭院、官方建筑，还有封建贵族官僚、富裕家庭，对宅院及环境都有了要求，这些都便以展示自己的身份地位，同时反映了人们的艺术欣赏水平有所提高。有些文人书画家参与，促使石雕发展，提升了石雕内容的艺术性，使得它们在古建筑中呈现出闪亮的部位。这样，明清两朝的石雕建筑构件使用的范围增多，数量大大增加。在古代，关中地区同样如此。关中地区有丰富石材资源，特别是民间艺术匠人敢于创新，从绘画、织锦、玉雕等，吸取"营养"，对石雕艺术的发展有益。上述介绍的石雕建筑构件品种及装饰内容极其丰富，特别是题材内容，主要为福禄寿，吉祥如意等，体现了当时关中地区社会民俗文化内涵及社会世俗风情。

门墩石

> 现代建筑已不使用这类石构件，它的实用功能消失，但是艺术美是永恒的，给人们美的享受。

门墩石置于门框下起支撑固定门用的，又称抱鼓石、门枕石，是中国老式门下的构件。种类较多，一般由两部分组成，上部属装饰，有抱鼓、动物、人物、方体石或称箱形石等三类；下部为长方体墩石，在中间部位上面有横槽与海窝，侧面有门槛槽或称竖槽，用来装置门与门槛。可分为抱鼓即由大鼓、小鼓托大鼓的荷叶，大鼓上雕有兽面或卧兽，大鼓前雕饰鼓钉等。其次有动物与人物等第三方体，即箱形。门墩石除了实用以外，其上部起到装饰大门的作用，彰显了家庭地位。古人认为还可辟邪。现选具有代表性的介绍如下：

狮子门墩石，明末清初时期制作，整体由狮子与座组成。在长方体座

狮子门墩石

蹲卧一狮子,狮子粗眉巨目,龇牙咧嘴,嘴衔长带,头右侧斜,目视下前方,颈带项圈,下挂响铃,前两腿直立,后两腿曲卧,腿间爬一幼狮。狮子显得较为凶猛,略带力感。下为束腰,设圭角,即须弥座。下方长方形体座前面浮雕麒麟卧于云间,两侧分别为奔跑的麒麟,右侧面有一竖槛槽,顶面有一海窝,下为基座。

圆鼓狮子纹门墩石,清代,由圆鼓与座组成。鼓侧面两侧各有两周鼓丁纹,其间刻缠枝花,鼓两面分别浮雕狮子戏绣球纹,狮子粗眉巨目,宽鼻大嘴,四足用力蹬地,曲体回头寻找绣球,周围飘浮云朵,真实而生动。鼓上坐一童子与狮子共戏绣球,鼓下云朵托扶。长方体座,前上半部有半束腰,内刻简单几何纹,后半部侧面有一竖槛槽,顶面有一海窝,后两侧面为博古图,底部为圭角与基座,即须弥座。

圆鼓鹿纹门墩石,清代,由石鼓与座组成。石鼓侧面为整齐的鼓丁纹两周,其间为缠枝莲围绕,上卧双狮,相对共戏一球,即狮子戏绣球。鼓两面各浮雕一幼鹿立于山石间,回首衔一灵芝,

圆鼓狮子纹门墩石

圆鼓鹿纹门墩石

下由袍袱角托扶，上浮雕莲花纹，四角各走出一瑞兽，构思巧妙。长方体座雕半束腰，其侧面有竖槛槽，顶面有一海窝与横槽，两侧面各浮雕海水，体飘火焰奔马纹，底为圭角与基座，即须弥座。

方体奔鹿纹门墩石

　　方体奔鹿纹门墩石，清代，由立体方石与座组成。立体方石正面与两侧面分别浮雕鹿纹，正面浮雕一鹿回首奔跑山石间，上飘浮云纹，两侧面同样是鹿在山石间奔跑，昂首前望。长方体座前部有半束腰，束腰光素无纹，前拐角处雕竖竹节纹，两侧中间各雕圆饼，上枋前面与两侧面雕折枝花卉。长方体座中侧面有竖凹槽，即槛槽，座面上有一海窝与横槽，座下

方体寿字纹门墩石

前后四角雕圭角，以连弧纹相连，底附座基，即须弥座。

　　方体寿字纹门墩石，清代晚期，由方体石与座组成，立体方石正面与两侧面分别浮雕方折变形夔龙，中心为变形团形寿字。座前雕半束腰，内为素面，前面与两侧为方折几何纹，长方体座侧面中间有一竖槛槽，座面上有海窝与横槽，侧雕把莲纹饰，座下部四角刻圭角，下有矮基座，即须弥座。

童子戏羊门墩石

童子戏羊门墩石，清代晚期，由童子与长方形座组成。童子光头，面相丰满，穿圆领窄袖衣，左手抓羊，右手放在口中，吹口哨嬉玩，坐于圆鼓形座上。下长方体座，前正面雕莲花，两侧面纹饰由于天长日久，已模糊不清，后半部右侧有槛槽，顶面有海窝于横槽，下有一道束腰，再下为基座，即须弥座。

关于"石雕"作品，有一少部分人认为是民间匠人的作品，艺术价值不大，粗俗，这是没有从历史、科学、艺术的角度全面地来看。上述介绍的石刻作品就是我们关中地区民间的传世品，当时都是实用品，从艺术上看都是难得的，每一个"画面"都有一个"喜闻乐见的故事"。关中地区历史悠久，与其他地区一样，把石雕艺术运用至各个方面，特别是宫殿、佛寺、住宅院落等建筑，这使古代建筑增添风采，洋溢着浓郁的地方特色。西安关中民俗艺术博物院内收藏的建筑石件，都是很好的实物资料，是这一段时期石雕艺术的代表，其内容丰富多彩，具有史料性、文学性、艺术性的特点，其穿越了数百年的历史。各时期的石雕有各自的艺术特征，汉代的石雕发展到一个高峰，古拙、典雅、圆润，在工艺技术上，注重形体、轮廓的雕凿，省略细部，突出重要部位，给人古拙深厚感。唐代石雕艺术风格饱满、健康、豪迈，向写实方面发展，彻底摆脱了汉代古拙遗风和程式化、图案化的影响，艺术水平提高，新的艺术风格形成。宋、元、明、清时期石雕更趋向"世俗"，以写实为主，寓意吉祥。题材内容有民间传说、历史故事、宗教神话，还有飞禽瑞兽、花卉翎毛等各种吉祥图案。例如："五谷丰登""连年有余""鸳鸯戏水""喜上眉梢""松鹤延年""五福捧寿"等，它们的创作观念、表现方法与地域特点都具有朴素的艺术风格。

门墩石的种类与上面雕刻的纹饰，在雕刻史上应给予地位。它生根于民间，适合民间审美情趣。我们都知道艺术来源于实践，与人们的生产生活息息相关，贴近生活，表现生活。上面所述的门墩石雕刻的纹饰内容题材是丰富多彩的。其纹样图案与传统文化有关，包括外来文化，即丝路文化，体现文化的继承性、长久性，在文化艺术的发展中，趋向于世俗文化。宋元以来商品经济的发展，门墩石在当时都是富家使用的，而雕刻艺人均是民间艺人，他们生活在一般民众中，其利益与审美情趣多属民间，所创造的艺术风格，也适合中下层人的审美情趣。正如上面所述，艺术匠人以他们自身的细心观察和艺术能力，阐释了社会及大自然生活的生动画面。特别是宗教艺术中的莲花纹，原本是佛教文化中的主要纹样，与中国传统文化相结合，成了石雕艺术中是常见题材。除了池塘莲花朵朵外，还有串枝莲、把莲、折枝莲，有的和其他纹样组合，形成了新内容，例如：生长莲花的荷塘中，有双鹭鸶，即"一路连科"，吉祥意。这是一种朴素的美，没有浮华，流露出真挚的情意，这类题材在门墩石上很多。门墩石服务的对象是富人之家，包括官员、地主、富商、文人等，他们在艺术风格与内容要求上不同，对功名利禄极为向往，门墩石的纹饰图案还有相当部分是"状元及第""麒麟送子""指日可待""连升三级""马上封侯""鱼跃龙门""鱼化龙""福禄寿"等等。还有月梅、兰草、松竹等，均表现一种精神与心态，以松树的常青，风竹有节，梅花不畏严寒等，表现文人士大夫的气节，文质彬彬，高雅孤傲。还有卷草纹，是忍冬纹的一种演变，常年绿色，被喻为灵魂不灭、轮回永生。其雕刻工艺有较高的水平，形与神都真切表现出来，在民间也极为流传。两者虽有差别，但是还有一定的联系，其审美情趣有差异，有相当多的是侧重社会性、精神性、意识性的表现。

  关于时代特征，门墩石上除雕刻装饰纹样外，有的还刻铭文年款，这可以作为鉴定时代标准器，另一方面也可从其他有明确纪年的石雕件的同类纹饰参照对比。例如上述方体寿字纹门墩石中的方折变形夔龙与变形寿字，在石雕中是常见的有具体年代纹饰，应属清代晚期纹样。鉴定石雕器物时代，主要根据造型与纹样确定。门墩石最早的造型，仅仅是一对长方体墩石，中间部位有横槽与海窝，侧面有竖槽，上面没有纹饰。例如墓葬出现的墓门门墩石中，发现最早的属北周狮子门墩石（藏于西安碑林博物馆）。而目前西安地区发现最早有纪年的是元代时期，从铭文内容看多为当地人施于寺院使用，以求吉祥平安。据调查了解，到了明代晚期方体门墩石（也称箱式门墩石）、鼓形门墩石、人物门墩石、狮子门墩石开始增多，是门墩石的"主流"。下面墩石的正、侧面，元、明中早期多为阴线刻纹样，以后多为浮雕。其阴线刻纹样动物有凤鸟、龙、麒麟、奔马等，花卉有牡丹、莲花、菊花等。民间石雕纹样的特点是较形式化、较粗犷等。以麒麟为例，元代其形态像鹿，长嘴，有角分叉，有的身有鳞纹、牛尾、蹄足，前后腿间施火焰纹，到了明代呈龙首，体仍是兽体，身有鳞纹，牛尾蹄足，身上的火焰纹主要在前腿上，其龙首与明代龙头相同，头鬣向上冲。但是个别的到明成化时期狮子门墩石侧面阴线刻麒麟还为鹿形，这种现象较少，说明这类纹饰延续较长。清代早期侧面的浮雕纹饰较突出（较高），到晚期浮雕突出不明显（较低）。雕刻内容丰富多彩，均为吉祥意，可以说"有图必有意，有意必吉祥"。上述的门墩石纹样有奔鹿、骏马、麒麟、夔龙、双鹤、双狮、荷花等，还有鼎瓠等博古纹，均是世俗化的吉祥纹样。走兽、花鸟较多，人物很少，具有写实特点，形象生动，与同期绘画有很多相同之处。同类走兽或飞鸟的形态相近，就是构图也是相似的。例如松鹤雕刻图，从布局构思至双鹤的形态，都是在清代绘画中常见的体裁，雕刻溪水绕流，苍松郁茂，双鹤亭亭玉立于上，一鹤回首侧望，一鹤引颈向天长鸣。造型准确，形态生动，体现出精湛的技艺功力。片片毛羽，雕刻精细，喙的质感，腿长与动感，毫无呆滞之弊，景色空灵，虚实相生，愈显松秀灵动。清代乾隆时期的画家沈铨就善画鹤，影响也大。骏马雕刻图中，骏马在海水腾空，体飘火焰而奔（火焰纹应是受外来文化影响）。其实马自古就成了艺术表现的对象，同时出现很多画马、雕塑马的名家，表现骏马都给予新的时代感情和新的艺术形象，例子很多。花鸟雕刻图，其布局构思是在图左下角山石小草，其后生繁茂的花卉，一鸟回望相坐，两鸟依依相守等。民间石雕艺术取得很大成就，它受清代绘画艺术的影响，具有清代风格，形成了格式化，趋于简单，多为浅浮雕。到清代末期成了

"剔底"雕刻的图案化形式,例如上述"团寿字纹方体门墩石"的表面纹饰。也就是说,浮雕变浅,最后成了"剔底"。

例如动物纹狮子的特征,唐代狮子的形象有蹲狮、行狮,具有凶猛的气势。宋代开始,狮子颈部出现项圈与挂铃,这表明狮子已被驯化,还会戏绣球。元明至清,狮子多呈现踩球和抚幼狮的造型,已成为定式,元代狮头上的鬣毛为乳状隆起,从头顶披至后颈,有的到肩部,但头较大,从整体看,头占身体三分之一强。而明代鬣毛隆起较矮,头小身大。元代狮子开口不及前朝大,但比明代要大,元代狮子躯体,特别是蹲狮不如前朝狮子挺胸明显,前朝狮子肌肉隆起,四腿筋骨凸凹,壮实有力,比较夸张。而元代狮子体态渐趋丰腴,胸部凸起程度相对减弱,但比明代狮子显得有力,略带野性。元代狮子比明代狮子身小,凸出了善于奔跑的体态。元代门墩石多数狮子呈爬卧状,明早、中期同样,明晚至清代狮子多呈蹲卧状。元明时期的狮子尾巴,侧外卷曲,呈佛尘状尾型,而明代初为元代风格,而后造型与神态变的被驯服的形象,看是凶猛像,但力感减弱,特别是到了清中后期,成了浑圆驯服的狮子狗。凤鸟的特征,元代的凤鸟高冠,有的颈上飘浮颈毛,鹰形喙,上带勾,体上羽毛呈现鳞纹形,尾如宋代凤鸟尾,作带状卷草纹。明清的雕刻,显得富丽,凤眼,高冠,长尾,特别是清代中晚期,华贵富丽,具有鸟中之王的神态。龙的特征,元代的龙头略偏长,张口露齿吐舌,上唇长尖,凸向上翻露颚线,但不及唐宋龙那么夸张,龙口也没有唐宋的大,龙鼻凸起明显,角较粗短,重视背脊的刻划,四腿瘦劲。因民间禁用五爪龙，故龙爪四爪或三爪，肘毛飘扬，尾秃，有的尾鬣呈火焰状。龙多为腾空驾云穿花的姿态，动感强。火焰纹由胸部前腿处与后腿处向上飘浮。明代龙头长，头鬣毛向上冲，前腿飘浮火焰纹明显，凶猛的气势大大减弱。清代形体多为"张牙舞爪"，气势没有了，具备现代形态，尾由蛇尾改为扇形尾。麒麟纹如上所述。总之，雕刻的动物、飞禽、花卉等，不同时代有不同的风格。

另外门墩下多数为须弥座，这些都与外来文化有关。刘敦桢主编《中国古代建筑史》中有："除秦汉以来传统的纹饰外，随同佛教艺术而来的印度、波斯和希腊的装饰，有些不久就被放弃。但是火焰纹、莲花、卷草纹、璎珞、飞天、狮子、金翅鸟等，不仅用于建筑方面，后代还应用于工艺美术方面，特别是莲花、卷草纹和火焰纹的应用范围最为广泛。"须弥座的形式也是随同佛教传入。萧默主编《中国建筑艺术史》中有：胡人与中国人的长期交往，使中国文化逐渐染上"胡气"。唐代的城市和建筑显出博大开放的宏伟气魄，可能是在此种隐化作用下表现出来的一种华胡相融的时代精神。此外，殿堂袭用来自西域的须弥座为基座。其实须弥座不但使用在殿堂上，也使用在各种台座上，多用于室内的佛座塔座，以后在其他艺术器物底座上也使用。

从文献资料可以看到，丝绸之路畅通，给长安城与中原带来新文化、新事物。从石雕建筑构件门墩石上可以看到，某些纹饰与部分造型都带有西域及丝路文化的影响。须弥座是基座的一种，来自西域、带有雕刻花纹

天聋地哑人物石门墩

和脚线、多层叠涩组成的台座。所谓叠色,即用砖或条石一层层向外垒砌挑出,或向里一层层收进砌做。须弥座名称来源于佛教,就是须弥山。

这些门墩石曾是富贵人家大门上使用的,是中西合璧的文化瑰宝,具有很高的历史、科学、艺术价值。正如鲁迅先生所说:"一切文物,都是历来的无名氏所逐渐的造就。建筑、烹饪、渔猎、耕种,无不如此,医药也如此。"现代建筑已不使用这类石构件,它的实用功能消失,但是艺术美是永恒的,给人们美的享受。

柱础石

> 这些艺术题材内容在民间十分流行，表达了人们对正直善良的歌颂，对丑恶小人的鞭责。

柱础石在古建筑木构架中起支撑木柱的作用，在木柱上架设水平梁枋，再在其上安放檩木与椽木，使木柱耐朽，又装饰了建筑。这种美化装饰纹饰记录着中国建筑的发展和石雕艺术史。

关中民俗艺术博物院收藏了一批造型特征明显的柱础石，主要是以清代为主。它是由一个方体基座与一鼓型石或一圆台石之间增加装饰，或加一层，或加二层，最多达四层。柱础石除基座外，侧面各层分别浮雕纹饰，有人物纹饰，以戏曲故事、民间传说等内容为主。有单体人物图，也有带有故事情节的连环画形式。不论变化如何，从内容到形式都力求完整。动物纹有龙、马、狮、麒麟、犀牛、鹿等，还有翎毛、花卉、昆虫、博古、杂宝、几何图案等传统纹饰，均反映了当时人们的意趣，符合人们的要求和希望。这些艺术题材内容在民间十分流行，表达了人们对正直善良的歌颂，对丑恶小人的鞭责。它与绘画及其他各类工艺艺术有关，并深受其影响，有的石雕刻如同绘画。随着当时市民阶层壮大，商品经济发展，还出现了新变化，这种变化是百姓喜闻乐见的，佛教艺术装饰中的莲瓣纹、卷草纹、璎珞、狮子、火焰纹等就有受丝路文化的影响的成分。

瑞兽柱础石

博古雄狮柱础石

人物博古纹柱础石

动物花卉纹四层柱础石

瑞兽纹四层柱础石

狮子花卉纹四层柱础石

夔龙纹四层柱础石

瑞兽花卉纹柱础石

鹿纹花卉纹四层柱础石

鼓形四层柱础石

鹤鸟花卉纹柱础石

奔兔花卉纹柱础石

古松瑞兽纹柱础石

墩凳形柱础石

人物博古纹柱础石

圆鼓形柱础石

圆鼓形柱础石

墩形柱础石

花卉八棱柱础石

花卉纹柱础石

花卉纹莲瓣形柱础石

双鼠纹柱础石

覆盆式柱础石

莲瓣纹覆盆式柱础石

覆盆式柱础石　　　　　　　　　　　莲瓣纹覆盆式柱础石

覆盆式柱础石　　　　　　　　　　　麒麟纹覆盆式柱础石

柱础石的历史发展源远流长。西安半坡遗址属新石器时代母系社会遗址，遗留有房屋建筑，属半穴居，居室遗址有方形或长方形。根据穴底的柱洞原有的四根栽柱，可以判断建筑形式。不过从此时建筑的柱洞看是将支柱埋入地下，支上面房顶檩梁。（半坡遗址房屋复原图）而在以后的仰韶文化与龙山文化之间的居住遗址，如陕县庙底沟遗址房屋内部的四个柱洞下，用扁平的砾石作基础石。在新石器时期，房屋建筑中，使用的柱子是挖洞栽柱，而后出现挖洞，在洞内放砾石，再将柱子栽上，是使用柱

半坡遗址房屋复原图

虎首兽形大理石圆雕柱脚

础石建房之始。进入奴隶社会商周时期，建筑房屋发展为夯土技术，把木结构技术与夯土技术相结合，形成了"茅茨土阶"的构筑方式，如二里头宫殿遗址。在商代安阳殷墟小屯村，宫室遗址全部用夯土筑成，有很多基址上面残存着有一定间距和直线排列的整齐天然卵石——石柱础，直径约15~30厘米不等，而以其较平的一面向上。在北区最大条状基址上的石础上，发现若干铜盘——铜锧，上面隐约可见纹饰，起着取平、隔潮和装饰三重作用。还出土了虎首兽形大理石圆雕柱脚，背后有凹槽，上有木构架建筑残支柱，可以看到柱下置柱础石，例如小屯乙八殿堂就是在柱洞中置柱础石，显示木柱已从栽柱演进为露明柱，表明其木构架更稳定。中国古代建筑以木构架结构为主要的结构方式，但木构架结构方式房屋的立柱下均设柱础石，故柱础石是木构架结构建筑中的主要构件之一。建筑石料在建筑中的使用逐渐增多，这时石柱础普遍使用。

文献中记载春秋时的情况，例如任昉《述异记》云："吴王射堂，柱础皆是伏龟。" 秦汉时期，由于当时国家统一，生产发展，出现了很多宏大的建筑，如都城、宫殿、陵墓、苑囿和礼制建筑，建筑技术大大发展，木结构和土工技术已成熟。在西安市保护的长安城遗址中，有豪华的长乐宫、未央宫、建章宫、桂宫等，还有武库、九市，这在《西京赋》与《三辅黄图》中都有记载。但是木结构房屋与宫殿已荡然无存。特别是到了汉代流行厚葬之风，有的地区大墓内墓室的建筑设有石柱与柱础石，还有出土很多随葬陶制房屋建筑模型、画像砖、画像石中的纹饰中，以及墓前遗留有石墓阙、石墓祠等，从中反映了当时的古代建筑使用石柱与柱础石。例如山东沂南县画像石墓在前室和中室的中央各建八角柱，上置斗拱与下置柱础石，在山东肥城孝堂山建有墓祠，内设石柱与柱础石。

从三国两晋南北朝时期，直到公元581年隋统一全国，经过战争和王朝变更的洗礼，虽然原汉代建筑成果大多付之一炬，但在建筑营造方面也取得不少成就，例如寺院建筑就出现不少。在木构建筑台基中，仍施石柱础，也就说柱下有石雕柱础。

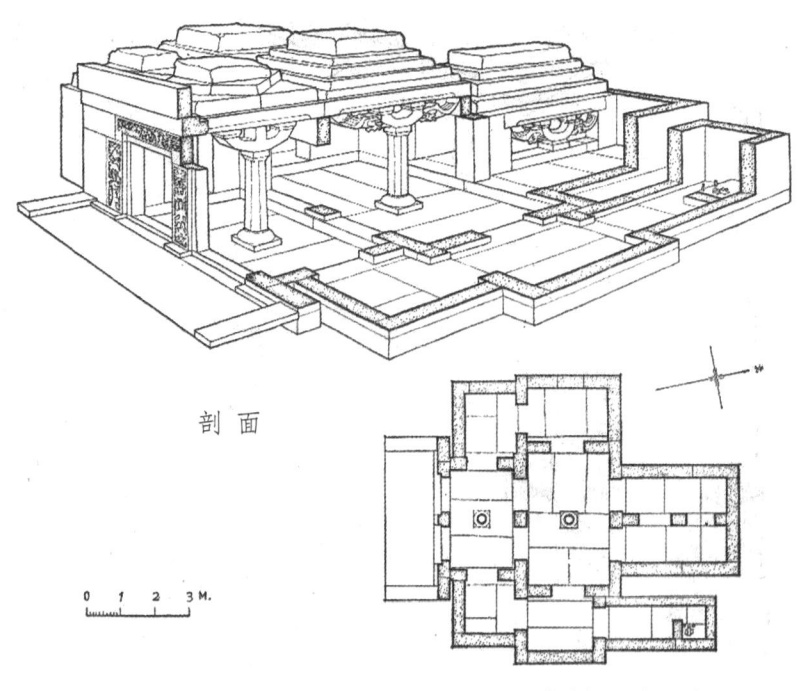

剖面

山东沂南县画像石墓中央各建八角柱

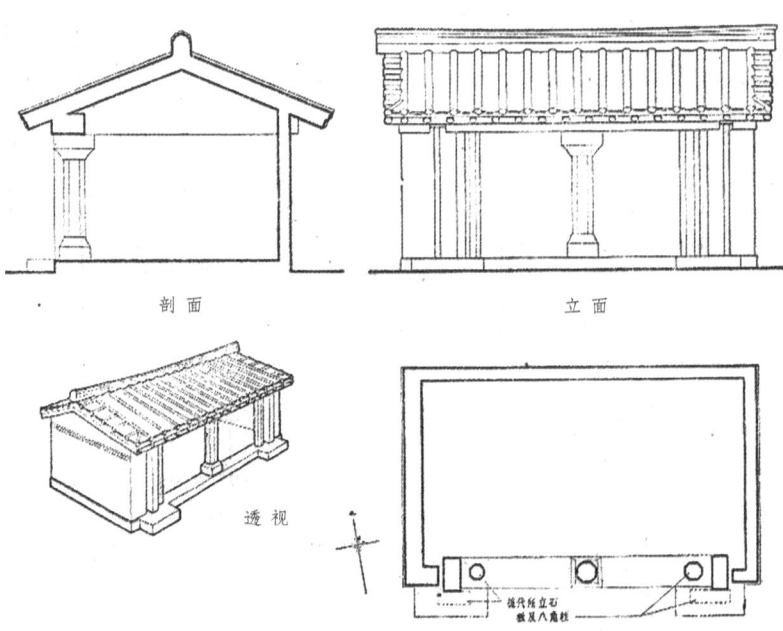

剖面　　　立面

透视

山东肥城孝堂山墓祠石柱与柱础石

南朝帝王陵墓前，现还遗留有除相对的石兽、龟趺座上的石碑外，还有石柱（即墓表）。南朝石柱遗存十余座，以南京梁萧景墓前石柱为代表，其形式是继承汉晋以来的石柱，下部有方形柱础，四面雕人物异兽，其上置圆形鼓盘刻成双蟠龙团旋柱身上部嵌小方石，上承石版，刻墓主及职衔，顶部刻覆莲，圆盘上有一蹲兽，整体带有融合印度阿育王柱和希腊石柱的印痕。北朝时期，山西大同北魏太和八年（484）司马金龙墓出土石雕帐柱柱础，做工精细，造型为上圆下方，凹孔一周深雕莲瓣，下面透雕多条盘龙，础下承础石相连，相连的面四角刻四立浮雕卷草纹，其间还刻人物。有一础在础石上圆下方的四角各刻一圆雕乐舞人。还有天龙山石窟第16石窟，在石窟外雕刻前廊，有八角形柱，上有栌斗，八角形柱有收分，下有莲瓣柱础石。

隋唐时期是中国封建社会鼎盛期，经济有较大发展，促进了建筑营造的发展。最具代表性的是唐代都城长安城，它是古代中国规模最大的城市，从宫城、皇城及宫殿遗址看，当年的宫殿是中国最伟大的建筑之一。大明宫遗址大部分已被发掘，含元殿、

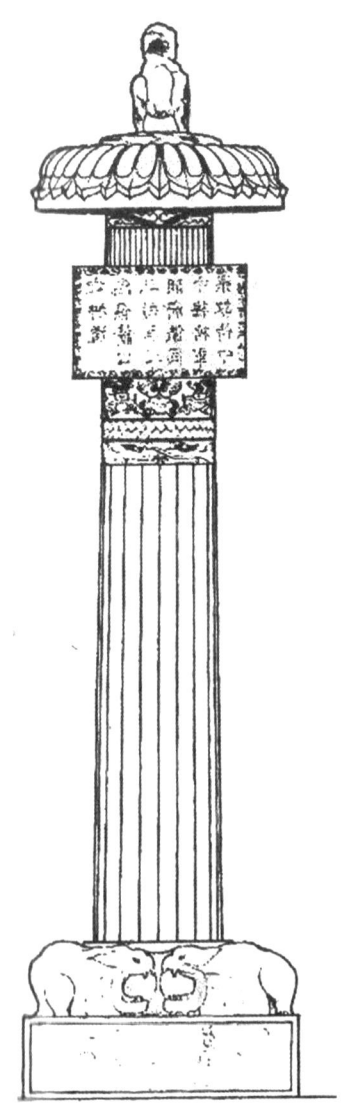

南京南朝梁萧景墓表

北魏司马金龙墓石雕帐柱柱础

立面

平面

剖面

北魏天龙山石窟

宣政殿、紫宸殿、麟德殿、金銮殿、三清殿、清思殿等整组建筑气魄宏大，是大唐盛世时代精神之所在。大明宫遗址整体从发掘资料得知，宫殿遗址中发现平面排列整齐的覆盆柱础石。

宋元时期，由于农业发展和城市商业经济的繁荣促使了市民阶层壮大，市民阶层的审美趣味和文化心态影响了建筑艺术，导致唐代刚健质朴的特征渐渐减少。宋代的建筑可以说已经成熟，经验也相当丰富。北宋供职将作监的李诚奉旨编修《营造法式》，历二十余年，元符三年（1100）书成，崇宁二年（1103）颁行，它是中国古代建筑技术专书，据《营造法式》石作功限条，凡柱础、殿阶基、勾栏、压阑石、角石……均可用以石雕，计柱础八种。雕刻精美的石柱础，现保存的有太原晋祠圣母殿兽形柱础、河南汜水等慈寺大殿兽形柱础等。在陕西省韩城市东10公里昝村镇吴村寨南端有座普照寺，建于元延祐三年（1316），主体建筑大佛殿内有佛教造像，1997年至2001年间，先后将元代高神殿、三清殿、天圆寺等10座古建筑迁到普照寺内，成为现陕西省元代建筑博物馆，保留元代古建筑及元代石柱础。

明清时期，不论城市、宫殿、寺庙塔寺、道观、住宅都得到大发展，是在继承历代建筑经验的基础上创建出来的。中国古代建筑在明代和清中叶之前，经历最后一次发展高峰，随着清朝国势的衰落，建筑也开始走下坡路。但是明清时期的建筑构件浮雕纹饰丰富多彩，造型的演变都有受丝路文化的影响。

大明宫遗址柱础

石门艺术

中国人把"门"视为"脸面",上至达官显贵,下至黎民百姓,不同身份的人家,"门"是不一样的。它记载着历史的演变,传统文化及封建社会的礼制。

　　石门,以石雕雕刻门楣与门边框,上面雕刻人物、动物及花卉等纹饰,还有的设对联。其雕刻纹饰反映出当时社会的崇尚与习俗。现选取几件介绍如下:

　　琴棋书画石门,由门楣、方柱体门边框与门座五件组成。门楣中部雕四长桌,各站三官人,形态各异。桌上各置一物,分别为琴、棋、书、画,其中有的评论书法、有的观赏绘画、有的对弈、有的听琴,即琴棋书画图,表现官人的喜好,桌间有立鹤或山石。两侧刻芭蕉,下立雅士观赏,外一周雕莲花,以枝叶串连,上有婴儿戏玩,即称孩儿扶莲。两门边框中部雕"条幅"组成对联,上阴刻正楷:"礼生富足诗书拟啟云仍,謌起美轮堂构已

琴棋书画石门

门楣中部雕四长桌,各站三官人

称父祖。"意为要有文化知识,要用诗书文化教育启发后代,有高大的房屋,应颂扬先辈遗留的家业。下莲花相托,上有荷叶覆盖,覆荷上各站一官人,寓意升官高禄。对联两侧各浮雕缠枝莲,其间有孩儿戏玩。底雕蹲卧麒麟,胸前有火焰纹。下为束腰门框座,座刻莲花与下圭角,下又设须弥座。内侧顶阴线刻三团凤鸟。门框侧面分别线刻相同纹饰,分为三个长方形凹角框,内四角线刻花朵,内刻落花流水,上其内线刻莲花纹,下为海水波浪,中内云纹间蹲卧一麒麟,双角后抿,鬣毛上冲,体施鳞纹,足呈爪形,下内部菊花上落一鹤鸟。从纹饰特征、人物与麒麟看为明代时期。

湖石蕉叶纹石门。由门楣、门框与门座五件组成。门楣正中为长方形横匾,书正楷四字"桥梓千城",两端浮雕太湖石后生蕉叶纹。两门框各凸雕字纹"条幅"组成对联,上刻楷书:"帝眷隆承钦鉴韬钤爵两世,天府滋至宠须浩券业千秋。"对联释义：皇室重用并钦命担任军事要职已有两代人，朝廷栽培并赐封颁发荣誉称号已荣耀千世。其上分别雕祥云，上立官人双手捧内置官帽盘，另一位官人手捧内置一卧鹿盘，寓意升官厚禄。下莲花相托，底为海水祥云，有一麒麟蹲卧，双角后抿，粗眉长嘴，鬣毛上冲，前腿直立，后腿蹲卧，身有火焰纹，气势凶猛。座有束腰，浮雕莲花瓣，上雕包袱角，内为飞鹤祥云。从所雕的两官人、麒麟与湖石莲叶纹看为明代晚期。

　　拱型缠枝莲石门。拱楣与两方柱体门框，分三件组成。拱楣正面分三层纹饰，中间一层较宽为缠枝莲，上层为卷草纹，下层为缠枝花。门边框两侧浮雕缠枝莲，中为长条幅，阴刻楷书对联："积金积粟积阴德传家至计，勤商勤农勤诗书教子良圖。"意为积攒钱财，积攒粮食，助人办事，品德高尚，是传家良策。作商业，勤劳务农，努力学习读书，是教育子女的最优方法。其下分别为回首曲卧的麒麟，其长嘴上唇上卷，巨目，双角后抿，鬣毛后扬，四腿曲卧于地上，胸部有火焰纹，长尾上扬，形象凶猛，上空飘云，下设杂宝。内侧面阴线刻缠枝莲。整体纹饰为高浮雕，麒麟首似龙头，身上后飘火焰纹，浮雕纹饰突出，从其特征看为明末时期。

　　俞伯牙与钟子期石门，由门楣、方形主体门框及门框座五部分组成。门楣浮雕群山，河水从中而流，山间有一樵夫，河中有一船漂行，船上坐一人弹琴，即俞伯牙与钟子期高山流水的故事。春秋时期，楚国有位俞伯牙精通音律，琴艺高超，后到蓬莱岛观赏自然，倾听大海涛声并弹琴，把

湖石蕉叶纹石门

拱型缠枝莲石门

俞伯牙与钟子期石门

大自然的美妙融进琴声，更加提高了琴艺，但无人能听懂他的音乐，深感孤独苦恼。一夜清风明月，乘船而游，琴声悠扬，忽然感到有人听琴，便将听琴人唤到船上听琴。此人是一位樵夫，即钟子期，他把听到的琴声诉说出来，说琴声如泰山般雄伟庄重，又如大海滚滚流水，伯牙听后，激动地称其为知音！此后得知樵夫钟子期已早亡，后俞伯牙在钟子期坟前弹琴给钟子期听，曲尽琴弦断……两侧门框浮雕纹饰对应相同，上浮雕兽面，下为一香炉冒青烟。中为条幅，边饰方折回纹。两条幅阴刻对联："父慈子孝满户无非安乐事，兄友弟恭一门全是和睦风。"意为父亲慈爱，子女孝敬，全家皆是安乐。兄弟友好、融洽，家庭上下永是和睦、相亲。门框侧面分别雕长方形三部分，中间为相同冰梅纹，上下分别为瓶插牡丹花与瓶插荷花。觚形瓶插菊花，胆形瓶插梅花。门座为束腰座，束腰间高浮雕三只行走的雄狮，即须弥座，属清代中晚期。

冰梅纹石门由门楣、边框、座五件组成。门楣边框正面雕刻冰裂纹，其间剔底雕刻松枝、风竹、梅花、兰草，即松、竹、梅、兰四君子。整体雕刻工整细腻，如同绘画。两边框内侧面共雕四个方框，刻人物故事图，即四爱图，分别为：其一，山脚下有一老人手持杖而行，前来一童子手持梅花枝上前给老人，为"和靖爱梅"图。和靖，宋代时人，字君复，隐居西湖孤山，家宅四面皆种梅，整日视之不倦。其《咏梅》诗"疏影横斜水清浅，暗香浮动月黄昏"尤脍炙人口，终日赏梅养鹤，不仕不婚娶，时称梅妻鹤子，卒谥和靖先生。其二，山脚下有一童子给菊花浇水，前站一老人高兴抿胡观赏，其为"渊明爱菊"。陶元亮，晋代人，本名渊明，后改名潜，隐居栗里，种菊东篱，九月九日无酒摘菊盈把，坐而张望久之，见白衣人至，乃太守王弘遣人送酒，即欣然命酌，对菊醉铭。其三，在山脚下有一童子担鹅而行，后随一着宽袖长袍文人，此为"羲之爱鹅"。王羲之，东晋人，历史上杰出的书法家，相传他从家鹅行水中悟出了用笔的方法，并养成"爱鹅"的癖好。有个山阴道士养了一群鹅，想请他写一部《道德经》来交换，王羲之欣然同意，写毕笼鹅而去，故后世称羲之爱鹅。其四，在山脚下，池塘边有一童子手指水塘里的莲花，后有一老人手持扇子观看，此为"茂叔爱莲"。周敦颐，字茂叔，道州人，北宋哲学家，因筑室庐山莲花峰下的山溪上，取故居廉溪以名，后人遂称廉溪先生，所著《爱莲说》中有："自李唐以来世人多爱牡丹，余独爱莲之出淤泥而不染。"世称周茂叔爱莲。上述四爱图反映出文人雅士的喜好。两侧最下为变形夔龙纹。门框下有座，座镂空，内刻一寿字，上刻折枝桃，下为圭角与基座。正面

四爱图

冰梅纹石门

雕刻阳纹冰梅纹，内刻有松、竹、梅、兰，纹饰是清代流行的纹样。纹样精巧、工整应属清晚期，而侧面下雕刻的变形夔纹，故此石门为清代时期。

八仙庆寿人物石门，由门楣、门框边与座组成。石门楣上浮雕八仙庆寿图，中间有一老者乘鹤而来，下随行一山鹿，此为寿星，两旁为八仙，均站立于云朵上。其分别为手握葫芦的铁拐李、肩背阴阳剑的吕洞宾、口吹洞箫的韩湘子、手持大拍板的曹国舅、手持温凉扇的汉钟离、手提花篮的蓝采和、手持渔鼓的张果老、手持荷叶的何仙姑。两端下方是山石，其串枝莲花围绕一周。石门框两边对应，"长条幅"对联，上有荷叶覆盖，其上站立一官人，其下有一蹲卧麒麟。"长条幅"对联上草书："勤俭治家千载不朽之荣，忠孝流芳万世光辉门亭。"意为治家要克勤克俭，是千年不朽的光荣之事，忠诚孝顺的传统是万年门庭的荣耀。底有座，上方正面刻奔马，下有束腰、圭角与基座，即须弥座。从整体造型与纹饰看为明代晚期。

上述介绍的仅是石门框，即门楣、门边框，门座即石门墩。人们一般都重视"门"，认为它是家庭身份地位的象征，起安全护家作用，当然，不同身份有不同的"门"。中国人把"门"视为"脸面"，上至达官显贵，下至黎民百姓，不同身份的人家，"门"是不一样的。它记载着历史的演变，传统文化及封建社会的礼制，石门框是一种特殊门。

门属建筑文化，它的发展演变与其他文化一样，形成一套独特的体系，它表现出封建礼制、民族特征和思想。古代各阶层的门是不同的，其文化

八仙庆寿人物石门门楣

内涵也不同。北京故宫的门是红色的，面上还施圆门钉，王府的门也是红色的，这就体现出皇家贵族是高于一切的。

在中国封建社会的建筑中，很强调色彩等级，如《礼记》规定"楹，天子丹，诸侯黝，大夫苍，士黄"。皇室宫殿的瓦是黄色，例如北京故宫的瓦（佛教寺院除外）。在西安明秦王府遗址中出土的瓦，只有绿色和黑色，色彩的划分是等级、身份的划分。在明代对于门是有严格要求的，例如明朝初年，朱元璋颁诏："亲王府的大门丹漆、金钉、铜门环……门钉用九行七列六十三枚；公王府大门绿漆，铜门环，而门钉减少，二列用四十五枚；……一二品官府内用绿漆，锡门环；三至五品用黑漆，锡门环；六至九品用黑漆，铁环……。"可以看出从帝王宫殿的大门到九品官员的门依次为朱门、绿门、黑门。从中还看出，门环、门钉也是有严格规定的，实际上门环、门钉为实用而设，但也被赋予了等级色彩。脍炙人口的唐人诗句中有"朱门酒肉臭，路有冻死骨"，写得何等的好啊！红色大门内过着花天酒地的奢华生活，酒肉吃不完都臭了，可是红门外的穷苦百姓，辛勤劳动却没有吃喝而在严冬饿死路边。"红门"划分得非常清楚，百姓不能逾越，"红门"维护着上等皇家亲族，"红门"压榨着劳苦大众，"红门"套着政治外衣，要想进入"红门"非同小可，只有砸烂它，路边才没有冻死骨。

门在房屋建筑中是主要的部分，对一般百姓（包括品低的官员与文人）来说，不是红色的，称之为"柴门"，有封建礼制约束，并做了种种规定。门在历史的发展长河中，蕴涵着丰富文化。《阳宅十书》记："大门吉，则全家皆吉矣，房门吉，则满层皆吉矣。"当时的百姓把大门的好坏与吉凶连在一起，吉祥门可辟邪，否则妖魔鬼怪可随意出入。百姓希望平安无事，希望神佑，镇妖镇鬼，于是祭祀门神，求门神保佑，使之安然无恙。民间小曲："门神，门神扛大刀，大鬼、小鬼进不来……"百姓期待家内平安，要祭祀门神、井神、厕神、灶神等，门神是属首位。《山海经》中记载人们为了加强"门"的保卫，于是以桃木刻"神荼""郁垒"挂于门上，即门神，驱鬼镇邪。有的是在桃木上绘画门神，同样起护门作用，有人称其为"桃符"。随后门神的神也有变化，每逢过年时人们在门上贴门神，主要是唐朝大将军秦琼与尉迟恭，还有天宫嘉神、和合二仙、文官门神等，至今在过春节时有的家庭还在大门上贴秦琼与尉迟恭将军骑马手持兵器的印刷像，以象征吉祥。对联是五代以后由桃符演变而来，文人学士把写对联视为雅气，表现才华，一直流传，除了春节就是有重大事件、喜庆事等也贴对联表示祝贺。对联的基本表达形式是讲究对仗、音韵、句式等，文字内容精巧、准确、含义较深，多数是主人所喜欢的人生格言和理想愿望。在大门前，有的置一对狮子或麒麟，其形象凶猛，神态威武，驱魔辟邪。另外，狮子的"狮"与"事"同音，即寓意"事事如意""事事平安"等，还置石望柱。有的置拴马桩、上马石，实际是为了外出骑马方便，但却成了门前的装饰，成为显示家庭高贵身份的标志。在门前装饰也是多种多样的，如门上装的门环，以便开门、锁门，其加工为铺首衔环，其粗眉大眼，龇牙咧嘴，无比狰狞，起镇妖辟邪。有的还在门上悬挂一面镜子，可使鬼怪现出"原形"，起着照妖驱鬼作用。还有过节时在门上挂不同的吉祥物，以取得平安，如清明节插柳，正如北魏贾思勰《齐民要术》中所说"取柳枝著户口，有鬼不入家"；端午节在门上插艾草，古时端午是年中阳气最盛时，此时火旺，火旺则生毒，艾枝叶可防毒，又能镇邪。在进门处设照壁或门楼前设影壁，《水龙经》云"直来直去损人丁"，故设影壁，它是针对冲煞而置，使气流绕门而行，气则不散，符合"曲则有情"的原理，同时也增加一道"风景线"，使之更加"华贵"。门及门头均有雕刻，题材和内容广泛而丰富，主要以传统题材为主，属吉庆吉祥，招财、招福、招寿。

  石门是反映古代"门文化"的一部分，对它的研究有助于进一步了解中国传统文化，上面的人物、花卉与动物纹，人物有：八仙庆寿图、八蛮进宝图、携琴访友图、连中三元图、苏武牧羊图、四爱图、琴棋书画图、孩儿扶莲、升官图，还有瑞兽动物、山石、冰梅、莲花及花卉昆虫等。如麒麟是一种瑞兽，最常见。文字是以对联形式表现，内容丰富。雕刻艺术手法均是浮雕与阴刻、剔底浅浮雕。门框"对联"上下左右雕刻纹饰，一般上覆荷叶，下托莲花，其上又雕官人双手捧官服与卧鹿的升官图。有的下方浮雕麒麟、奔马、狮子等，从而可见浮雕的形式与特征，是石门明清流行的格式之一。石雕"对联"形式属于一种传统文化，是一种时尚。对联源于唐朝，以后各代继承发展，至今还在应用，以麒麟瑞兽为例，形象特殊，不同时期有不同的形象。在石雕刻件中品种较多，如石香炉、石供桌、石门墩石、石牌楼、拴马桩、饮马槽等，均有石雕麒麟，特别是上述的石雕件中有纪年款，这是确定麒麟造型年代的依据，以便进行时代对比。元代麒麟形象如鹿形，明代逐渐发展为龙首形麒麟，身带火焰纹，凶猛有力。清早期以后身上渐无火焰纹，变得温顺驯服。这是元、明、清麒麟纹的变化，以此为标准确定年代。

上述介绍关博院内庭堂屋舍的石门中有石拱门，还有砖拱门，这一建筑技艺是我国的传统，源远流长。它在千年前就已出现，如墓葬、各种砖塔与拱形桥等。随着"丝绸之路"的畅通和东西方文化的互通，将这一技艺传入我国。《中国建筑艺术史》中有"西汉中叶以后主要用于墓室的砖石拱顶，很可能受到了东伊朗的影响"的说法。这种影响在我国汉代墓室

庭堂"砖拱门"

中开始出现并应用。拱券建筑结构是力的巧妙应用，可以解决压力与周围的结构，还大大节约了建筑材料。隋代在匠师李春主持下建造的安济桥（赵州桥）是世界上现存最早的敞肩拱桥。整个桥是圆周上一段60°的弧形弓形券，桥面坡度相当缓和，再在两侧肩上用两个小券做成敞肩。在弧形拱形券结构上采用平行而紧密并列的二十八个石券拱构成，这座桥经过一千四百年多年，至今仍在为人们服务。以后在宋金时代修建桥与塔应用砖石拱形结构技术愈加普遍，同时反映出砖石拱券在建筑中的重要性，以后南北各地修建了若干座石券桥。金大定二十九年（1189）建造的卢沟桥由十一孔连续的半圆拱构成，是众多桥中著名的一座。到北宋中叶，修建塔的内部又发展为发券的方法，使塔心和外墙连成一体，提高了塔的坚实度和整体性。而原先在唐代砖塔外部用砖墙，内部用木楼板，仅仅在顶用砖券封顶，五代末以苏州虎丘塔为例。明清以来，在建筑方面获得了很大成就，拱券的应用更加广泛。例如元以前城门洞的上部一般做成梯形，用柱和梁架支撑。而从元代起已有一些城门用半圆形券拱，明清城门均采用砖拱门。在建筑方面，公元15世纪出现了全部用砖券拱结构的无梁殿，并盛行于16世纪中晚期，如著名的南京市灵谷寺大殿。西安市明代城墙的城门是砖拱门。在华北、陕北黄土地区的民间窑洞住宅内部也采用了砖券，可见在建筑方面中砖券结构的应用也更加普遍。

第三章 石雕艺术篇

拴马桩

最初拴马桩散落在民间，经过百年风雨，它不仅成为一件实用的美术工艺品，还记录着关中数百年来的民俗和民情，反映出当时的政治、经济和文化。它的内涵极为丰富，实用与精神价值无法估量，是陕西民间文化的一部分，具有浓郁的民族地方色彩。

西安关中民俗艺术博物院内树立着数以千计的明清拴马桩，气势壮观。一般高度1.5~2.5米，多为方体，分为桩首、桩颈、桩体、桩足。桩首为圆雕，常见的有驯狮、骑狮、人物、猴子等，桩颈四面浮雕有动物、花卉、翎毛及带有吉祥意义的各种图案，桩体多为粗坯方柱体，个别的在正面由上至下浅浮雕花卉与动物纹，衬托出柱体的气势。桩足较为粗壮，埋于地下，多数为青石质，还有沙石、大理石等。由于石质和地域的不同，雕刻的工艺也不相同。拴马桩来源于陕西、山西等地区，特别是陕西渭北，早年就引起热爱民间美术工艺雕刻的人们关注。最初拴马桩散落在民间，经过百年风雨，它不仅成为一件实用的美术工艺品，还记录着关中数百年来的民俗和民情，反映出当时的政治、经济和文化。它的内涵极为丰富，实用与精神价值无法估量，是陕西民间文化的一部分，具有浓郁的民族地方色彩。如今，随着社会发展日新月异，拴马桩并没有黯淡无光，反而带着陕西本地人的"情"，"占据"着"一方一时"的历史。然而，随着时间的流逝，再加风雨侵蚀，人为"侵害"，拴马桩有的被运往外地，有的为了方便贩运被砸断，使其失去原貌。贩卖桩首，遗弃桩体，令人遗憾。

拴马桩的产生与发展

拴马桩遗留丰富，反映了当时马与牲口在社会上占有重要地位。自从人类进入农耕生产到明清时期已经过数千年，特别是汉唐时期经济繁荣，饲养马与牲口是国家大事。汉代丝绸之路畅通，大量引进西域良马，如"西汉宦者署前金马门乃武帝得大宛马，以铜铸立于署门"。（见萧默主编《中国建筑艺术史·第七节》）到了唐代，丝绸之路日益繁荣，互相交往，对于马的需求量大大增加，除设马场自己养马、与周边西域各国或少数民族政权互市以换取所需马匹外，朝廷还接收各国或民族的政权朝贡，所需良马源源不断地被输入。据《唐会要》、两《唐书》记载："康国马，大宛马种，献马四千匹。石国俗善战，多良马。波斯国……多良马、大驴、狮子。"还有米国、曹国、吐火罗等国都曾数次向唐贡过马。

拴马桩有着悠久的历史，自从先民饲养马与牲口开始就有拴马与牲口的用具。最早见有记载的是《仪礼》《礼记》，郑玄注释："宫必有碑，

拴马桩军阵

所以识日景,引阴阳也。凡碑引物者,宗庙则丽牲焉,其材宫庙以石穿以木。"也就是说先秦之所谓碑,是立于建筑物中与庭院,用于"系牲口"或"观日",用石作原料,也用于及窆下棺。在西安碑林博物馆内展出的汉代石碑中,碑上部有一圆孔,就是当时用于"下棺"与"系牲口"的,以后这圆孔仅起装饰作用而保留。如北魏时期太和十二年(488)晖福寺碑的上部碑额下存留圆孔(或称穿)。1994年四川新津出土一东汉石棺,其后挡上雕一马拴在拴马桩上,桩顶上雕一猴,猴为瑞兽,可以辟邪,故猴曰弼马温,可见当时拴马桩的真实造型。另外1969年在四川荥经城郊出土汉代石棺侧刻画像,其为一马拴在树上,左侧一人手提一桶作饮马状,

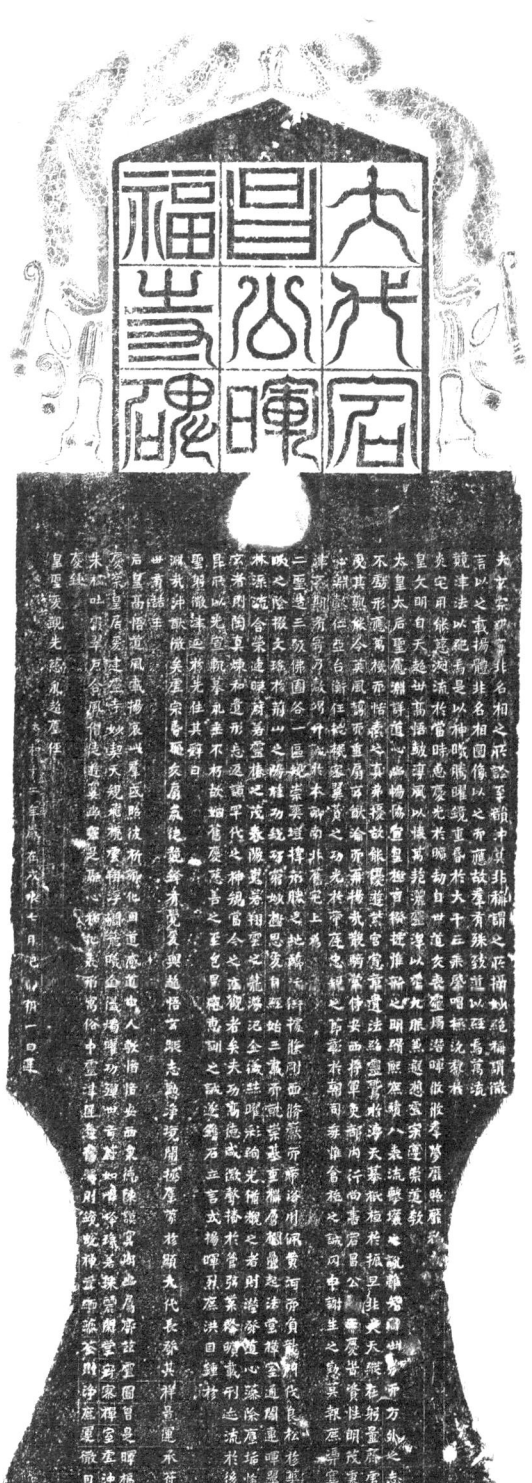

北魏时期晖福寺碑

东汉石棺拴马桩

汉代石棺拴马桩

马后一人正担水向马而行。可以看到当时为了方便将马系在树上。唐代韩干所绘《照夜白图》，描绘了唐玄宗的宝马拴在桩上，其野性未脱，不愿被缚，奋力挣脱的姿态，一桩拴一马，拴马桩树立在画面中央。画面上的拴马桩为多为棱柱体，简单无装饰。《百马图卷》画，唐代，佚名，画面绘有百余匹马，或洗澡、或翻滚、或斗耍、或驯教、或被拴在拴马桩上，千姿百态。拴马桩清楚可见，分为桩首、桩颈、桩体，还有埋入地下的桩足部分。桩首为长橄榄体，桩颈下凹，桩体呈圆柱体，上部绑短横棒，一桩拴一马，可能是木质的，与现存的石质拴马桩造型相似。拴马桩成型于

唐代《照夜白图》 韩干 绘

汉代，同样有一个由简单到复杂、由朴实到华丽的发展过程。近代由于农业机械的广泛应用，交通工具现代化，马的使用大大减少，拴马桩自然也大大减少，现在很少见到使用拴马桩，它的使命到了尾声，成为历史的遗物。

陕西地区现存一批珍贵的石拴马桩。据20世纪80年代普查得知，石拴马桩遗存分布很广，主要集中在关中平原。当时关中地区农业发达，在农业生产中饲养大牲畜是很常见的，在耕地、播种、收获中尤为重要。交通运输除了牲口车外，没有其他运输工具。关中地区能够诞生周秦汉唐盛世，与此密不可分。另外，在关中的北部产石料，以石灰岩为主，还有沙石、大理石等。石灰岩是打制拴马桩的最好石材，石材的丰富为雕刻生产拴马桩提供了方便，同时还生产了大量的上马石、石马槽等。

陕西人祖祖辈辈定居生活在这片土地上，从事农业生产，过着相对封闭式的田园生活。他们热恋故土乡村，勤恳劳动，买田置房。那些在外谋生的人赚了钱也考虑回家，正所谓是"羁鸟恋归林，池鱼思故渊"。"走仕途道路"的在外中了"状元"，升官发财也不忘家乡故土，有的将家眷仍留在乡下家里，有的虽从"政"多年，到时候解甲归田或告老还乡。总之，在当时的历史条件下，受思想的约束，固守家园，不论在外政治身份与经济地位怎样变化，最终都要在家乡建造好自己的家。对于豪宅富户来说，更是存有"比富显贵"的心态，在建造大宅院时门前栽上一件、两件拴马桩，拴马桩装饰着门前，有的栽大门两侧各一件，成为建筑物不可缺少的附件，形成显示贵贱、尊卑、等级的标识。

拴马桩的艺术魅力

纵观遗存的拴马桩，整体形式一致，桩首雕刻不同，风格古朴，在有限的空间上，进行巧妙的构思、雕塑，使之这一艺术形式庄重又华丽，不仅是高墙大宅门前的艺术使用品，也是一种特殊的装饰，这是民间艺人将石雕艺术与建筑的有机结合，形成当地民宅建筑的传统文化，构成一处靓丽的风景。

狮子拴马桩，桩首狮子多呈蹲卧状，双耳后抿，粗眉凸起，睁眼巨目，如意形宽鼻，嘴大外咧，龇牙口含长彩带，颈戴项圈，下挂响铃与璎穗，头背卷曲长鬃，呈乳丁状，前腿撑立，后腿曲蹲。并呈现不同姿态，或侧首扭身，或前蹄踩球，或踩踏幼狮等。有的巨目睁眼、咧嘴，具有粗鲁的野性；有的挺胸远视，傲视一切，自逞兽中之王，还有一种体态丰满，嘴微

狮子拴马桩

狮形拴马桩

长咧，驯服如同狮子狗形。在拴马桩藏品中，发现有带纪年款，如清代"乾隆""道光"等，狮子形象均已被驯服过，故这类形象的狮子拴马桩为清代时期。

狮子产于非洲、西亚、和南美等地，早在西汉时期可能就已传入我国，最早见于《后汉书》："章和元年（87）是岁西域长史班超击莎车大破之，月氏国遣使献扶拔、狮子。"从这里可以看到西域很多国家以狮子为国宝送给东汉王朝，以后有关狮子贡献我国的史籍记载更多。魏晋南北朝时期，随着佛教传入中国，佛教造像与护法狮子雕刻广泛传播，南朝陵前多置石狮，特别宋、齐、梁各代盛行，现在遗留丰富。隋唐五代时期，狮子雕琢兴盛，唐代帝陵十八座，在陕西渭北高原上，陵前均有石雕狮子，件件形体高大，身躯饱满，体现了国富民强的大唐气象。唐代以后各代帝陵前均置石狮，宋代开始将石狮置大门前起守护作用，用途更加广泛。金代明昌三年（1192）修建著名的北京卢沟桥，桥柱雕刻姿态各异的石狮，生动活泼。或昂首仰天，或低头沉思，或静

清代狮子拴马桩

胡人驯狮拴马桩

卧以待，或欢快嬉戏，大小不同，有藏有露，精美无比，共计多达485只。因此，狮子形象成为我国传统文化中常见的装饰题材，历史源远流长。

驯狮拴马桩，桩首为一人骑狮背上，狮子呈各种形态。驯狮人多为胡人形象，深目高鼻，身着胡装，脚穿高靴，双手抓狮耳驯狮。有的狮子野

胡人驯狮拴马桩

性未改，骑狮人用力控制，有的骑在被驯服的狮上赶狮欲行，还有骑在狮子身上或弹奏琵琶、或打口哨、或吸烟、或与幼狮戏耍、或一手置嘴边高声呼喊、或远望前方等，其表情有微笑、诙谐、愤怒、冷漠等。还有的胡人肩上搭袋，腰佩弯刀、短剑与壶，脚穿长靴，坐于台座上，左手置左腿上，握铁链，链下拴幼狮，右手上举抓戏耍于上身咬耳的幼狮。这件驯幼狮胡人，他的穿戴，身上佩带的剑、刀、壶与搭袋等均是胡人的器具，应属真实胡人形象。

  舞狮娱乐在中国也有悠久的历史，这项娱乐表演同样是由胡人带进中原，这种活动可以追溯到唐代，新疆吐鲁番阿斯塔那唐墓曾出土一套泥塑彩绘舞狮俑，狮俑即由两人妆演，外披狮装，下露出两人的腿与脚。也有诗歌赞美，白居易《西凉伎》："假面胡人假狮子，刻木为头丝作尾，金镀眼睛银贴齿，奋迅毛衣摆双耳……"元稹描述大臣哥舒翰宴会的《西凉伎》："狮子摇光毛彩竖，胡姬醉舞筋骨柔。"可见狮子舞流行很广。到了宋、辽、金时代驯狮及表演活动越来越普及，娱乐化明显。在宋代"村歌社舞"盛行，民间歌舞广为流传，表演艺术水平较高，其中《狮子舞》就是一例，也有很多狮子舞题材的砖雕等装饰材料发现，均是当时的生活写照。元代的雕塑中，西域胡人与狮子也常有发现。到了明代，民间世俗文化继续发展，其包括音乐舞蹈，戏剧杂技，美术工艺等兴盛。南北两方各具特色，随着戏曲的发展，许多传统的舞蹈艺术被吸收，而民间自娱性的业余活动十分兴盛，特别是过年过节、下种丰收、敬神驱鬼、红白喜事等，有舞相佐，当时民间歌舞活动表演非常热闹，异彩纷呈。清朝统一全国后，文艺表演并未被朝廷颁布的禁令而消失。在清代李声振《百戏竹枝词》中记载百戏细目很多，其中就有狮子滚绣球。光绪年间的《京都风俗志》更具体介绍狮子舞。特别引人注目的是山东泰安岱庙清代壁画《东岳大帝启辉图·御狮》，设色绘一深目高鼻，身着长袍，腰系带，脚穿长靴的胡人，双手牵高头大狮行走，人物逼真，狮相凶猛，画面生动。今天的狮子舞至今仍在流行，已成为我国传统文化，现今每逢春节、元宵节的传统节日，或是大型庆祝活动就有舞狮表演。

从这些资料与实物中可以看出，自汉唐以来都有西域人来中原进行经济贸易，西域胡人驯狮与舞狮在各地区表演并留下了光辉记录，在遗留的石刻、壁画与陶俑中得到证实。同样狮子舞成为传统文艺表现一类节目，它真实地反映着中原与西域在政治、经济、文化的往来。故拴马桩上雕刻的胡人驯狮，同样是文艺表演的再现。

人物拴马桩，在桩首雕刻各种形象的人物，它是现实生活的写照，它们各自都有不同的寓意，反映当时的社会习俗。有婴戏拴马桩，桩顶为一婴儿，光头或留一小撮短发，裸体身着裹肚，呈蹲坐状，有的抓耳、有的捧物、有的与幼兽戏玩。有的手持一株莲花，有的爬在荷花旁嬉玩等，称之为"孩儿扶莲"，生动可爱。妇女拴马桩的形态也是多样的，表现出各种神态，例如妇女捧瓶拴马桩，高发髻，戴耳环，面容俊秀，情绪安稳，朴实淳厚，身着宽袖长衣，下着长裙，双手捧瓶。虽是屈膝而坐，体态仍

舞狮俑

人物拴马桩

显秀美端丽，体现婀娜温柔而优美的女性特点。瓶与平同音，寓意平安，妇人祝丈夫在外一路平安，还有手捧如意，静坐期待、盼望儿子功成名就，引人注目。还有课子拴马桩，有一老人，手持书本，旁站立二童子，教育童子。胡人持乐器弹奏拴马桩，头戴毡帽，身微斜，双手抱琵琶弹奏，面带微笑，自弹自乐，陶醉在音乐中，神情激动，气氛热烈，表情丰富。胡人饮酒，胡人身着圆领长衣，身旁有一大酒罐，饮醉后得意忘形，袒胸露大肚就地而坐，大嘴外咧欲起而不能的姿态，雕刻朴素真实，简练概括，虽仅是一人，却是一个有趣的情节，这些雕刻可见西域人在内地生活情景。还有汉人形象的文人拴马桩人物，官员和侍从，有的头戴圆帽，后留长辫的，有的为戴幞头帽，留长胡，可能是戏中人物等。

猴子拴马桩，桩首或雕一猴蹲坐、或双手捧桃、或二猴相向蹲坐、或相背蹲坐、或幼猴上爬与猴身上、或老猴怀抱幼猴、或老猴身旁坐一幼猴、或老猴与两三个幼猴玩耍等，形态各异，神情相近，这是民间艺术中常见的题材内容，即辈辈封侯。在拴马桩上雕猴，还有一种说法，猴子可帮马避瘟，特别是牧马场中养猴避瘟。吴承恩在《西游记》中描述孙悟空曾被封为弼马温，是让孙悟空管马，并能避瘟，弼马温不过是"避马瘟"谐音。在凤翔木版年画中就有戏猴图上有"弼马温"三字，逢年就贴在马棚门上。寓意吉祥。

骑马拴马桩，骑马人头戴圆毡帽，宽脸丰满，厚唇咧嘴带笑，身着圆领窄袖长袍骑在马上，也有其他形象人物。而马络头鞍鞯齐备，四腿粗壮

猴子拴马桩

骑马拴马桩

站立在台座上。有的骑马人肩上落一猎鹰，欲驱马狩猎；有的手持长杆烟袋，骑在马上边吸烟边休闲散步；有的骑马手持琵琶准备待发等。

驯象拴马桩，骑象在佛教艺术雕刻中早已出现，即普贤菩萨坐象，在宋永泰陵前有大象与驯象胡人一对。明清以来，大象为吉祥动物，寓意太平有象、气象万千。还有在大象身上雕多人，其中有老妇与少妇、幼童等，手捧珍宝异物，即"进宝"。

圆钱拴马桩，造型扁长方体，横截面为长方形，顶为拱形，上有圆穿孔，造型简单，该桩顶上部借孔雕一圆古币，柱体光素无纹。圆钱中方穿孔，为拴马的缰绳孔，该钱文为"咸丰九年"（1859）铭文，构思布局与古钱相同，寓意吉祥。据说此类桩来自经商之家，原树在商铺门前，意为生财发家。在宋以后商业贸易得到发展，中国是传统的封建农业国家，重农轻商，把商业视为歪门邪道，从商的社会上层人物很少，商业表现的艺术

驯象拴马桩

钱币拴马桩　　　　　　　　　　　　　　　　亭台拴马桩

作品也很少，随着民俗艺术的发展而发展，任何艺术的出现都出于普通大众生活劳动实践，而其艺术若要发展成为独立的艺术，就必须在实践中提高这类艺术。在石雕的拴马桩上出现商业性质的内容，反映商业贸易在此地此时发展。

亭台拴马桩，桩首雕一亭台，下面为方柱。造型简单，即单檐攒尖式，柱间为镂空，用作穿系缰绳拴马。属房屋建筑型。

凤鸟飞行图　　　　　　　　　　　　　　　麒麟图

　　除了上述桩首雕刻艺术外，拴马桩的桩颈四面浮雕有动物、飞禽、花卉及带有吉祥寓意的各种图案，题材内容丰富多彩，有奔马、麒麟、飞鹤、雀鸟、龙、杂宝、暗八仙等，还有寓意旭日东升、喜上眉梢、榴开百子、莲生贵子、竹报平安等等，这些吉祥表达着人们的希望。纹样由于空间有限均为"单个模样"图。诸如凤鸟飞行图，伸颈回首，双翅开展，精神饱满，远眺前方，周围线刻白云飘浮，把天空点缀得"蓝蓝"清静，使人联想广阔无垠的天空，任凭鸟儿自由飞行；麒麟图，前腿撑立，后腿屈蹲卧，头如龙首，长嘴，双目有神，静静注视远方，体曲硕健，没有凶猛的气势，守卫门户；奔马图，其有的身带火焰纹，昂首，四蹄腾空，四肢与躯体显

奔马图

狮形图

鹿纹图

花卉图

杂宝图

得很长，几乎成为一条直线，表现出速度快，动感强，有风驰般的气势，形、神、情跃然石上；还有狮、鹿、兔等一物一图，每一动物均雕刻随意生动，静动有别，纯熟自然，简练深厚，栩栩有神。雕刻花卉画面，简洁富有情趣，一花枝由下角向上斜出，舒其柔条，花开叶展，娇艳若临轻风摇摇摆摆，有动感。各种吉祥图，无生硬呆滞感。杂宝图中的杂宝各系一飘带，增加活力，不感单调。"有图必有意，有意必吉祥"，这些吉祥都表达着人们对生活的美好期望。

拴马桩的文化内涵

在中国雕塑艺术史上，从艺术发展与社会生活方面来看趋向于世俗化，可是民间的石雕刻很多没有被重视。石拴马桩具有特殊性，即时代与地域特征，反映当时当地人的审美观与雕刻的技艺。同时看出这类世俗文化是中华民族文化在一个地区中的亮点，它是物质文化（功能性的）和精神文化（艺术性的）合二为一的产物。品类丰富的拴马桩雕刻都是日常生活所闻所见的题材，具有生命的活力。

胡人驯狮抓肩幼狮拴马桩　　　　　　　驯狮拴马桩

143

人物驯狮背狮拴马桩

驯狮拴马桩

骑狮拴马桩

猴子拴马桩

人物驯狮拴马桩

妇女骑狮拴马桩

吹口哨骑狮拴马桩

猴子骑狮拴马桩

骑狮奏乐拴马桩

驯狮拴马桩

骑狮拴马桩　　　　　　　骑狮拴马桩

　　拴马桩是民间艺人雕刻的，享用的是豪宅富户，它的文化内涵是在使用中体现出来的。由于它的使用范围广泛，贴近现实生活，又在艺术上追求装饰美，形成了特殊形态结构，间接为生产、交通运输服务，构成了关中文化，既美化了生活，又有实用价值，显示出财富地位，突显了"辟邪纳福"的传统理念。拴马桩属民间艺术，而民间艺术是上层艺术的基础，宫廷的石雕刻，精雕细凿不惜成本，崇尚华贵，体现地位、权威。如今树立在展馆里的拴马桩，每一件都述说着"自己"的历史。

狮子拴马桩一对

弹琴骑狮拴马桩

驯狮拴马桩

人物驯狮拴马桩

驯狮拴马桩

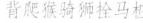

背爬猴骑狮拴马桩

狮子拴马桩

驯狮拴马桩

骑狮拴马桩

驯狮拴马桩

猴子拴马桩

驯狮拴马桩

人物驯狮拴马桩

驯狮拴马桩　　　　　　　人物驯狮拴马桩

猴子拴马桩　　　　　　　驯狮拴马桩

驯狮拴马桩

驯狮拴马桩

吸烟骑狮拴马桩

驯狮拴马桩

吸烟骑狮拴马桩

驯狮拴马桩

驯狮拴马桩

驯狮拴马桩

猴子拴马桩

驯狮拴马桩

童子戏狮拴马桩

人物驯狮拴马桩

奏乐人物拴马桩

驯狮拴马桩

驯狮吸烟拴马桩

驯狮拴马桩

驯狮拴马桩

背背猴拴马桩

人物驯狮拴马桩

人物拴马桩

人物驯狮拴马桩

人物驯狮拴马桩

驯狮拴马桩

上马石

艺术工匠带着传统观念,加上艺术的创作,上马石呈现出千姿百态、个性鲜明的特征。上马石是中华民族古代雕刻艺术的延续。工艺精湛,造型生动,在雕刻艺术史中占有重要地位,是陕西关中地区的文化瑰宝,有很高的历史和美学价值。

  古代的上马石在陕西关中地区常能见到,主要置于门前,以备上下马用。西安关中民俗艺术博物院征集了数量可观的上马石,上面雕刻丰富多彩的纹饰,虽然经过数百年的风雨,仍是石雕文化中的明珠。现选几件介绍如下:

  束腰式三层台阶双狮上马石,高80厘米,长96厘米,宽38厘米。分三层台阶与座四部分。上层台阶顶面刻月花纹,现已模糊不清,正面雕刻一大一小双狮,寓意"太狮少狮",辈辈封官加爵吉祥意。一侧面刻山石松树,其间生有竹、梅,空中云托着太阳,地面有不同姿态的三只羊,即"三羊开泰"。另一侧在山石松树间为三只鹿,鹿与禄同音。福禄寿之

束腰式三层台阶双狮上马石

禄吉祥意。第二台阶左侧面为双麒麟图，右侧面为双马图。第三层与座连为一体，其间有束腰、上下枭、上下枋，上枋与束腰内雕一周串枝莲，下枋下为座基，四面分别雕方形几何纹。

束腰式二层台阶狮面衔环上马石，高70厘米，长90厘米，宽39厘米。上层台阶正面雕狮面衔环，左侧面为麒麟，长嘴巨目，回首，头须向上冲，浑身有力，似观望上空。右侧面雕一枝梅花，斜枝上落一长尾喜鹊，即"喜鹊登梅"，寓意"喜上眉梢"。第二层台阶有束腰，其拐角处与中间各有矮立柱，束腰上雕一周折枝花卉，下为圭角，以连弧纹相连，底为座基。

束腰式二层台阶狮子上马石，高71厘米，长90厘米，宽37厘米。上层台阶正面高浮雕狮子戏绣球，整体雕刻合于比例，狮子四肢有力，尾巴上扬，追赶绣球戏玩。左侧面雕一山鹿下行，鹿角上竖，长嘴衔灵芝，鹿与禄同音，灵芝表示福寿，即吉祥意福禄寿，右侧面为麒麟回首。下层台阶束腰，内束腰上一周"卍"字不断纹，束腰内雕一周花朵纹。前半部正面与两侧面雕袍袱角，正面袍袱角内雕杂宝——磬与灵芝，两侧面袍袱角内雕喜上眉梢与凤戏牡丹。束腰下雕圭角，以连弧纹相连，底设矮座基。

半束腰式二层台阶渔夫纹上马石，高68厘米，长77厘米，宽37厘米。上层正面为一渔夫钓鱼，另一渔夫用杆挑篓欲行，形象生动。一侧面雕花卉纹，另一侧面为莲池内莲花盛开，莲叶挺立，其间一鹭鸶低首寻食，"莲"与"廉"、"鹭"与"路"同音，即"一路廉洁"，为官始终要清廉。第二

束腰式二层台阶面衔环上马石

束腰式二层台阶狮子纹上马石

层台阶前半部束腰，束腰内正面与两侧面分别为变形夔龙纹。后部两侧面分别为琴与博古图。底设圭角，以波浪纹相连，与基座连为一体。

上马石的功用

上马石除了上下马实用外，还有多层的含意。一般上马石与拴马桩配套使用，都是置于高墙大院的门楼前，再有一匹高头大马，使得门楼格外耀眼，增加其门户的声望，而且雕刻华丽，造型规正、端庄、沉稳，给人一种严肃感，是显示贵贱、尊卑的标识，"渗透"着封建礼教及等级观念，同时也可装饰建筑门面。

除了显示身份，上马石有镇宅祈福作用。在封建社会的传统中，修建房屋讲究求吉祈福，消灾避祸，得到福地可传给后代子孙，发财致富，人气兴旺。在建房时怕遇到邪气，就树镇宅兽，可以逢凶化吉，挡风化煞，妖魔邪气不敢侵犯。这个传统早已流行，在西安地区曾出土过唐代石狮、石龟、石龙等作为镇宅兽。还有拴马桩上刻"石敢当""泰山石敢当"等。宋代王象《舆地纪胜》记载："张莆田，再兴县治，得一石，铭之为：'石敢当，镇百鬼，压灾殃，官吏福，百姓康，风教盛，礼乐张'。"颜师古注："敢当，谓所向无敌。"在"石敢当"前冠以"泰山"二字，这是借有名威的"泰山"与其山神——"东岳大帝"以增添镇鬼之神力。民俗信仰心理在石上镌铭文，以显其威，而上马石的正面雕刻一兽面与拴马桩上刻"石敢当"有着同样的意义。

半束腰式二层台阶渔夫纹上马石

上马石的雕刻艺术

上马石均为台阶型，分为束腰式、半束腰式、圭角式等，总的来说以束腰型为主，分上下两部分，上为台阶（有二阶或三阶之分），下为座与座基。上马石均是青石材料，石质坚硬色青灰，雕刻多是浮雕。从造型与纹饰上看，分类较多，与古代建筑相互影响，其装饰内容丰富。纹饰分类有动物、花卉、人物、几何等纹饰。就动物纹来说多种多样，多数正面雕一狮面，气势凶猛，咄咄逼人。两侧面还有狮子、麒麟、奔马、羊、鹿、兔、龙、凤、飞鹤、鸟雀、鸳鸯、蝙蝠、昆虫等，形态各异。雕动物纹，抓住其主要特征，以夸张的手法精确又概括，腾空的云龙、行走欲吼的狮子、回首观望的麒麟、脱缰狂奔的骏马等，均具有浪漫色彩。花丛中的飞鸟有的在枝头鸣叫，有的展翅飞翔，有的跳跃，有的伸首探望，有的自理羽毛，有的三五成群各具姿态。花卉有牡丹、石榴、莲花、竹子、兰草、梅花等，形象生动，惟妙惟肖；牡丹的层层花瓣象征富贵；荷花亭亭玉立，翻张自如；菊花带来秋天的景色；干老梅枝上盛开朵朵梅花，格外娇艳；所雕竹竿顶天立地，层次分明，枝叶横斜，俯仰向背，繁而不乱。就章法而言，疏密得当，有的花叶上爬有昆虫，花蝶飞舞，引人注目，可谓百花争艳。人物纹有戏曲历史故事，还有麒麟送子、寿星、婴戏图、角斗等。几何图案有博古图、八宝、暗八宝、变形夔龙，万字不断等，丰富多彩，可以说"有图必有意，有意必吉祥"。对于每一幅图来说，具体到实物，或飞禽，或花卉等都栩栩如生，富有情感，至今对我们来说同样带来愉悦和美的享受。

石马槽

石马槽上浮雕传统纹饰，有猴子上树摘印，双鹿与奔马纹连为一体，寓意"马上封侯，高官厚禄"，有仅穿肚兜孩童，双手持一枝莲花，称孩儿扶莲，有凤鸟展翅飞翔，又有一只麒麟回首奔跑，寓意"凤麟呈祥"。

马槽是养马必备的马具，马在农业生产、交通运输及军事等方面发挥着重要作用，它配合人类已有上千年的历史，随着社会的变革，马槽与人类逐渐远离。西安关中民俗艺术博物院藏有极丰富的石马槽，现选数件介绍如下：

浮雕双龙戏珠纹石马槽，青石，高18厘米，长178厘米，宽42厘米。在正面雕两龙相对托一宝珠，以浮雕凸现双龙的形象，龙首上昂，张口龇牙，双角后抿，长嘴宽鼻，巨目上视，鬣毛上冲，长身曲腹，蛇尾，背鳍整齐，龙鳞纹细密，四腿刚劲，腾空飞跃。整个画面疏密有致，具有较高的艺术水平，是典型的清代早期特征。

浮雕双龙戏珠纹石马槽

麒麟纹石马槽

麒麟纹石马槽，青石，长 228 厘米，宽 36 厘米，高 30 厘米。石槽的正面中间为垂莲蓓蕾，两侧为破垂莲蓓蕾，上部以弧纹相连，其间分为二区，两端各卧一麒麟，昂首挺胸。其间左右共有四只狮子，每只各有一彩球随身。彩球有长带飘舞，狮子有的挺胸昂首前行，有的回首戏彩球，形态各异。其粗眉大眼，龇牙咧嘴，如意形鼻，头须上扬，尾毛粗壮，浑身肌肉有力，加上前腿部的火焰，给人一种凶猛感，其间飘浮云朵，如在天际，为清代初期。

崇祯款狮纹石马槽

崇祯款狮纹石马槽

奔马纹小石槽

崇祯款狮纹石马槽，青石，长207厘米，宽62厘米，高58.5厘米，残断。正面其边阴刻双线边框，下刻海水波涛，中间雕一对狮子，一只昂首前行，另一只回首观望，两侧各雕山石相互对应，外又各雕一狮子，由上而下行走，相互对称，构成一幅吉庆狮子图。狮子长嘴宽鼻略翘，大眼，头鬃卷曲后扬，挺胸，浑身有力，尾为三卷曲长毛上扬，有一定的气势。其边雕刻纪年款"崇祯十三年（1643）春三月吉旦"。

奔马纹小石马槽，青石，长197厘米，宽46厘米，高36厘米。正面双凸阳线分为五部分，两端为卷纹，中间为一花朵，两侧各有一奔马，相向而驰，马体丰满，四蹄蹬空，鬣毛飘起，前腿有一火焰纹上扬，蹄下与空中飘浮云朵，显示马在高速前行。

鹿猴马纹石马槽，青石，高 54 厘米，长 245 厘米，宽 59 厘米。正面中间雕一垂莲蓓蕾，两端雕破垂莲蓓蕾，以连弧纹相连，分为两区。一区生一大树，有一灵巧猴子上树摘印，又雕一对鹿纹，一只卧地休息，另一只观望周围，表现山林景色。另一区雕一奔马，身上飘火焰纹，下面海水波涛表现快速腾空飞跃，即天马行空。猴子与双鹿是传统纹样。"猴"与"侯"、"鹿"与"禄"同音，猴摘印，意封侯加爵，双鹿，即得到丰厚的俸禄，即封侯加禄吉祥意。奔马意为"马到成功"，也为吉祥意。背面为缠枝莲纹。在中间为垂莲蓓蕾，两侧为破垂莲蓓蕾，共雕四朵莲花。以枝叶环形串联，生动而活泼，清早期。

鹿猴马纹石马槽

莲花纹石马槽

莲花纹石马槽，青石，长294厘米，宽58厘米，高50厘米。石槽正面中间为一垂莲蓓蕾，两侧端为破垂莲蓓蕾，花形不同，以连弧纹相连，其间有四朵莲花，以枝叶环绕串联，其为浮雕。

孩儿扶莲纹石槽，砂石，长366厘米，宽167厘米，高56厘米。正面分为上下两部分，上部分为10个长方形框，内分别浮雕双鹿、双花、狮子、麒麟等。下部分11方框，内又各雕倭角四边形，其内分别雕：两端对称孩儿扶莲，孩童仅穿肚兜站在莲枝上，双手抓一朵大莲花；有四个方框内为莲花，有的花瓶中插莲，有的是折枝花朵；有两个方框内各蹲卧麒麟，一只挺胸前望，一只回首望月；有两个方框内在山石花中，站立一

孩儿扶莲纹石槽

双凤鸟；还有一方框内，在浮云间有一只鹤鸟曲颈伸首，长喙圆目，顶有冠，双翅齐展，长尾上扬，向下飞翔。

飞凤麒麟纹小石马槽，青石，长155厘米，宽75厘米，高50厘米。正面在长方形框内中间朵云托红日，其分两区，一麒麟回首前奔，长嘴宽鼻，大眼，张口伸舌，双耳后抿，长须下垂，四蹄齐奔，长尾上翘，胸侧火焰纹后扬。另一区云间飞翔一凤鸟，双翅开展，头前伸，尖喙圆目，长冠，五束长尾后飘，长腿向后飞舞，生动活泼，此为凤飞麟奔，又称威凤祥麟，比喻世上的珍品或德才兼备的人才。

早在汉代，帝王对马就很重视，西域出产的良种马在当时就享誉中原。

飞凤麒麟纹小石马槽

汉武帝对西域大宛马极为追求，故将大宛马引进中原。当时马在政治、经济、军事上占有重要的社会地位。随着丝绸之路畅通，往来更加频繁，戈壁沙漠中远远传来马蹄与驼铃声，给长安城带来了新文化与新事物。唐代视饲养马为大事，据《新唐书》卷36载："马者，国之武备，若去其备，国将危亡。"唐王朝除了自己养马外，在经过丝绸之路与西域换取所需马匹的基础上，还接受各国、各民族政权朝贡的马匹。据《唐会要》载："康国马，康居国也，是大宛马种，形容极大，康国献四千匹。今时官马，犹是其种。"在唐代，输入唐朝的贡品中良马所占的比重最大。至今遗留的明清时期众多的石雕拴马桩、上马石及养马槽，从上面雕刻的纹饰与铭文看，马在当时对一个家庭来说是也是至关重要的。

关中民俗艺术博物院收藏的石马槽分为青石与砂石两种，其纹饰内容丰富多彩，造型一致，近长方体，上大底小有收分，从正面看呈倒梯形，上面有槽，可盛牲畜饲料与水，供食与饮水用，正面雕刻纹饰。还有一种形体小、造型不同的品种，近长方体，从其体实物看，在当时均属富家使用养牲畜的。

石马槽雕刻纹饰布局较为简单，内容丰富多彩，特别是青石质，由于质地坚硬，雕刻的纹饰有的复杂精巧，较为细腻。有腾龙、麒麟、奔马、狮子、鹿、凤鸟、鹤、莲花及花叶等等。其中龙、麒麟、奔马等体上都装饰有火焰纹，以增加其内在"力"的表现，特别是奔马加火焰纹，加快奔马速度，如天马行空。同时，还雕各种形态的狮子。狮子在东汉已传入我

饮马槽群

国,到唐代以后狮子被驯服,主要作用为观赏与表演。卷草纹又称金银花、忍冬纹,是多年生常绿灌木,枝叶缠绕,寓意"轮回永生"。所述石马槽上还分别浮雕传统纹饰,例如有猴子上树摘印、双鹿与奔马纹连为一体,寓意"马上封侯,高官厚禄";有仅穿肚兜孩童,双手持一枝莲花,称孩儿扶莲,寓意孩儿长得很可怜(可爱);有凤鸟展翅飞翔,又有一只麒麟回首奔跑,寓意"凤麟呈祥";有九只鹤鸟,其中莲池内有六只鹤鸟各俱形态,另三只空中穿插飞翔,寓意"九鹤延年,鹤发童颜"。

石雕瑞兽

> 这些石雕瑞兽具有很高的艺术水平，是中华民族的文化瑰宝。艺术是时代社会意识和生活现实的具体反映，更是一个时代的背影。

石雕瑞兽置于宫殿、贵族家的大门、庭堂、桥梁、寺院、陵墓前等，有着悠久的历史，根据文献记载，早在周秦时代就已经出现，除了有纪念意义外，还是显示身份地位的标志，还有辟邪守护作用。随着时代的发展，其艺术风格不同，反映了那个时代的世俗文化及丝路文化的影响。这些石雕瑞兽具有很高的艺术水平，是中华民族的文化瑰宝。艺术是时代社会意识和生活现实的具体反映，更是一个时代的背影。

外来的狮子

狮子本非出自中国，而是在汉代由西域引进，文献中有较多的记载，

《尔雅·雅兽》中载"狻麑似号猫，食虎豹"，注"即狮子也，出西域"。《后汉书》中见《班超传》："月氏尝助汉击车师有功，是岁贡奉珍贵符拔、狮子……。"《章帝本纪》："（章和元年）月氏国遣使献扶拔、狮子。"《和帝本纪》："永安十三年冬十一月，安息国遣使献狮子。"以后的《宋书》《北齐书》中也记载了献狮子的事，从而可知狮子在当时是作为珍禽异兽贡献而来，深受重视，视其为"宝物"。根据狮子的梵语"Simba"，汉代初译为"狻麑"，后来因为当时还有一种叫"狻猊"的猛兽，古人为了避免"狻麑"与"狻猊"的混淆，于是就取"Simba"的第一音，译称"师"，因为它属于兽类，于是加上"犭"偏旁，便成为"狮"。早在汉代，狮子已经进入陕西关中地区，距今有两千多年历史。在西安关中民俗艺术博物院（以下简称"关博"）石雕藏品中就有与建筑有关的立体石狮，唐宋及明清各代均有，数量丰富。还有具体石雕件上雕刻的石狮，例如门墩石、角石、拴马桩、上马石、马槽等，占相当大的比例。这群石雕狮子与带狮子的石雕件用途不同，文化内涵与时代风格也不同。人们喜爱狮子，狮子也在中国传统文化中占有一定的地位。特别是立体雕石狮，其造型或有走狮、蹲狮、爬狮等。结合关中地区遗留的石狮研究资料，能对认识石狮的兴起、时代特征与风格风貌有一定的意义。

在陕西、河南、山西、四川、山东等地均遗留汉代时期的石狮。西安碑林博物馆里展出一对汉代大石狮，1960年咸阳出土，昂首挺胸，双竖耳，巨目圆睁，宽鼻，张口龇牙，四肢有力，长体硕壮，长尾拖地，行走欲吼，

汉代大石狮

精力充沛，矫健有力，神气十足，威武凶猛，具有传统石刻朴拙雄厚的特征。

两晋南北朝，因佛教的传播与丝绸之路带来外来文化的影响，古代建筑石雕艺术得到新的发展。南京市与丹阳市发现南朝陵墓30余处，其前置石兽是以狮或虎的形象为基础，略加夸张。为了追求凶猛威武的形象，它们形体高大，例如南朝梁武平忠候萧景墓前石兽呈跨步行走状，挺胸昂首，双目圆睁，宽鼻，张口龇牙，头后至颈肩鬃毛后抵，肩有双翼，粗壮大腿，慢行前视，魁梧雄壮，有一种势不可挡的气势。到这时石兽置于陵墓前已经流行，作为守护，有威慑感。西安碑林博物馆藏有一件北周时期的石狮。巍巍独尊，全身造型显得庄严稳重，它在写实的基础上进行了夸张，富有生命力，从造型看带有北魏遗风。

南朝梁武平忠候萧景墓石兽

隋时期石卧狮

汉代以后佛教传入中国，作为保护佛教的护法狮子也随之传播。而长安在这个时期是佛教中心，现在遗留下来的佛像较为丰富，狮子作为佛前忠诚的守卫者，也经常能见到。一般是立体雕、浮雕，佛在中心，两侧各有一菩萨、或增加弟子、供善人，狮子在佛前的各种形象不失法度，颇具风采，体现了时代作风和雕刻技法。如西安碑林博物馆藏北魏时期《刘宝生夫妇造弥勒石像碑》。关博藏有隋时期石卧狮，高105厘米，长82厘米，昂首前视，胸肌宽大，蹲卧于长方形石台上，雕刻简练，腿间没有镂雕，却凸显强势威力。这时期的瑞兽雕刻有承前启后的艺术价值，并充分反映了时代的特征。它继承了汉代的传统，并受外来的雕塑影响，在形象神态

北魏时期刘宝生夫妇造弥勒石像碑

乾陵石狮

方面,具有那种雄伟博大的气势,是由古拙走向成熟的阶段,也反映出我国古代瑞兽雕刻上的卓越成就。

唐代的石狮在关中十八帝陵前有遗存,由于体积大,雕刻精美,被世人称为石刻之"最",达到艺术顶峰。乾陵前石刻群是唐代帝陵中保存较为完整的,每件都引人注目,其石狮挺胸昂首,前腿撑立,后腿曲卧,巨目大眼,雄视前方,张口吼鸣,有逼人之气势感。造型饱满,结构明确,风格以写实为基础加以夸张。顺陵是武则天母亲杨氏的陵墓,陵前石雕群中东西各有一只石走狮,高达350厘米,实为罕见。这对石狮呈昂首挺胸,胸脯饱满结实,四腿粗壮有力,利爪尖锐,徐步而行,注视前方,张口欲吼,颇有威震天地气吞山河之势。东边是雄狮,头披卷毛,粗眉睁目,隆鼻宽大,张嘴伸舌。西边雌狮,放在雄狮略前的位置,挺拔有力的四腿飘

顺陵石走狮

北宋皇陵石狮

动卷毛,四爪抓地而行。雕刻概括洗练,在细节中,头部鬣毛、胡须及腿部飞毛等精细,整体磅礴大气,展示了这个时代这个民族的精神与大唐帝国的雄风。

宋代以来,文化艺术高度繁荣,从石雕狮子风格与特征可以看到当时的时代气息。河南省巩县北宋皇陵,遗存石刻动物中就有狮子,它们各具形态。其永裕陵石狮呈行走状,抬首挺胸,粗眉睁目,眼睛前斜视,头鬃后抿,四腿粗壮为行走状,于长方形版石上张嘴欲吼,从造型与神态看,是继承唐代的遗风。与唐代石狮相比有所变化,威武豪迈的气质仍在,但略有减弱,深厚稳重,对细部刻化精致,富于装饰。

石雕欲立狮

关博院藏宋代石雕欲立狮,高104厘米、长104厘米,抬头,双耳竖立,粗眉大眼,宽鼻,张口伸舌,头后披鬃发,挺胸,前腿直立,后腿曲卧,呈欲站而行于长方形石板上。宋代蹲卧欲行狮,高98厘米,呈蹲卧欲行状,双耳后抿,粗眉凸目前视,宽鼻,闭口龇牙,头鬃后扬,前腿直立,后腿曲卧,前腿上雕火焰纹,头前伸,强悍凶猛欲要起身向前而跃,下设有长方形台基。金元时期的侧首蹲卧石狮,高83厘米,侧首,粗眉巨目斜视,张口而吼,挺胸,前两腿直撑,后腿曲卧于长方形台基上。在这一段时期,石雕瑞兽的雕刻也有改变。寺院、祠堂、桥头等前置石狮,但造型不如前代威严,而是更温顺、生动、活泼。

宋代蹲卧欲行狮

　　明代石狮虽然有一定的艺术性,但与宋代石狮相比,表现出华而不实,缺乏内在精神与活力,似乎被驯服,更无唐代石狮的饱满、生动、洗练、劲健以及充满力度的气魄。但这些石刻仍然都很精美,且不失为严谨之作,其形态高大,轮廓造型准确,在细部精雕细刻,头部涡卷的鬣毛纤细,巨目大眼,浑厚庄重,具有严肃的气势,呈威猛状,表现出有权势的尊严。例如在西安碑林博物馆大门口放置一对明"万历"款石刻狮子。总之,明

金元时期侧首蹲卧石狮

侧首蹲卧石狮　　　　　　　　　蹲卧踏物卧石狮

代石狮粗眉大眼，平嘴，颈戴项圈，下挂响铃，以卧狮为主，成为各式化。虽然其形体大、挺立严肃，但从艺术造型来看则显得呆滞，缺乏内在力。

清代石狮与明代相比，更显驯服，野性与气势全无，就是置门前的人石狮造型也是如此。关博院内砖雕牌楼前的一对大石狮就是一例，双耳后抿，粗眉，睁眼圆目，如意宽鼻，龇牙咧嘴，口含长彩带，头后披卷鬃，挺胸抬首，颈戴项圈挂铃与吊穗，前腿直撑，后腿曲卧，爪踏长彩带，飘于长方形基座上。

自汉代西域狮子踏入秦地后，石刻狮子就在艺术匠人手中呈现，随后历代均有，是传统文化瑰宝。石狮的放置用以显示社会身份地位，能降妖

石狮

辟邪，在佛教中还可以护法等。石狮的形象是丰富多彩的，都是"真狮"的再现，反映了雕刻艺人有了解狮子生活习性的经验，而且有了高超的技巧，雕造了具有很高艺术水平的石狮。

勇猛的石虎

一般石虎造型勇猛，蹲卧式，粗眉巨目，宽鼻长嘴，双耳后抿，挺胸昂首，双目前视，前腿直立，后腿曲卧于长方形台座上。随着时代变化，其形象也发生变化。虎应属于凶猛野兽，但到了明清时期却表现出驯服的特征。虎在人们心目中为百兽之王，故称为兽王。其野性凶猛，威武健壮，显出勇猛刚强。在形容人有力勇猛时，称为虎威，古代还称骁勇善战的勇士为虎贲之士。根据中国习俗，墓前雕置的石兽应是虎。如《风俗通义》记："方相氏葬日，入坟驱罔象，罔象好食亡者肝脑，……而罔象畏虎与柏，故墓前立虎与柏。"这里明确指出墓前应树虎的原因。

石雕虎纹早在商代出现，如现藏中国历史博物馆的虎纹石磬。西汉时期，霍去病冢前雕置巨型石兽群，其中有伏虎，长达2.12米，形象为伏地蹲卧，简单粗犷，力求轮廓造型的准确，具有高度机警的形象。其墓冢象征祁连山，表示曾在此激战大破匈奴而予以表彰，其意义远超过护墓和辟邪，显示出西汉王朝是强盛的。石雕可以看出古代石匠的表现力、想象力及审美情趣，它们的共同特征是以巨石原型为基础，进行不多的雕凿处理，具有粗犷面貌，做到"斧不到意到"，造型概括、古拙、纯厚、雄浑，

西汉石虎

唐高祖献陵前石虎

有强大气势。东汉时期传统的厚葬之风仍在延续，在一些地方官吏墓葬前的"神道"两侧还遗留有护墓石兽。上述的墓前石兽，绝大多数雕有飞翼，其形象介于狮虎之间。

唐代十八帝陵前置有的石雕瑞兽中有石虎，如高祖献陵前石虎。作向前行进状，伸颈直视前方，似发现猎物，眼放着敏捷的神光，放慢步子，腿爪突起，筋骨劲健，欲要扑上去，整个造型概括而写实。在贵族官吏墓前的石雕群中也置石虎，如西安博物院藏一石虎（原是唐代官吏墓前的石雕兽），呈蹲卧状，其昂首挺胸，前双腿支撑，后腿曲卧，立于长方形石座上。

宋代帝陵陵前也放置石虎，永定陵前有石虎四件，作蹲踞状，雕刻细腻，比例协调，形神兼备，注重写实的艺术风格，但与唐代相比，劲健雄伟的气势减少。关于宋代石雕兽的特征,著名美术考古大师王子云先生在《中国雕塑艺术史》中写道:"从造型雕塑的艺术来说,宋陵石刻与盛唐期同类作品相比,在外形的饱满坚实上固有逊色,在内涵的精神活力方面,更显得有些颓唐,很难给人雄强刚劲一类的美感。"对于石虎的具体特征也是如此。关博院收藏的几件石虎,其中一件可做这段时间的代表作品。大眼睁目,宽鼻,龇牙咧嘴,嘴大超过眼角以后,竖双耳、挺胸前视,蹲卧(四腿之间未镂空)于长方形板上。闪出凶光,若发现猎物欲要起立搏斗,但缺少内在力的表现。

在西安城南明秦藩王墓前遗留下来的石虎力度大大减弱,显得笨拙。关博院收藏的一批明清时期的石虎,有其自己的特征。明代石虎

唐代石虎

宋代石雕虎

明代石虎

明代石虎

造型呈蹲卧状，挺胸昂首，粗眉巨目，宽鼻长嘴，前两腿直立，后两腿曲卧，四腿间没有镂空，下有长方形座，与上述宋金石虎相比，气势又有所减弱。清代卧虎雕刻工艺圆润，蹲卧的上身略前伸，项上同样戴项圈挂铃，给人一种驯服的温顺感，那种勇猛的气势消失殆尽，被人驯服而呈静卧状。

清代卧凳

祥瑞的石麒麟

麒麟是人们幻想的动物，又称之为瑞兽，能辟邪镇妖。在大门外、宫殿前或陵墓神道等处都置麒麟。在《礼记·礼运》中记，"麟，凤，龟，龙谓之四灵"，四灵中麒麟放在首位，居四灵之首。对它的形象记载见《说文解字》："麟，麇身，牛尾，狼头，一角，黄色，圆蹄，角端有肉。"可见它集各种兽的特征于一身。从文献中可看出古人对麒麟形象的描述，同时还指出其为瑞兽，不伤害生灵，可见麒麟出现是祥瑞之兆。《汉书·终军传》记："从上幸雍，获白麟，一角，五蹄。"这是汉武帝幸雍获麟，属于吉祥之兆，即更改年号，并令铸金币，如同麒麟足，故称"麟趾金"，又称"马蹄金"，筑麒麟阁并赐诸侯白金。目前所见的麒麟石刻都是以狮子为蓝本的造型，加上人们的幻想，带有神奇功能，称为瑞兽，其特征沉雄博大，奔放有力，富于浪漫主义色彩，具有强烈的动感，颈毛飘起，挺胸翘尾，身上肌肉凹凸，充满阳刚之气，头顶一角，而为蹄形足者应称之为麒麟。

比较典型的麒麟石刻应属唐代睿宗桥陵前的麒麟。当地称之为独角兽。它形似虎而牛尾，马蹄，有一角，龇牙咧嘴，躯体高大，其为麒麟，带有双翼，显示出一种粗犷风格，加上夸张并带有神奇色彩，形态生动，丰满雄伟，硕壮有力。

北宋帝王陵，其体制和唐诸陵相同，而南门神道两侧设置石雕群，其中有瑞兽一对，形体不像马，又不像狮、虎，带有双翼，可能是延续前朝

唐代睿宗桥陵前麒麟

永裕陵麒麟

的麒麟。例如永裕陵的麒麟，造型如狮似虎，肌肉劲健，富有强力的气质，突出一般猛兽所应具有的特征，并流露出猛兽的野性。西安城南长安区遗留的一个庞大的明秦藩王墓群，多数神道两侧站立石雕群，石人与石兽护卫着墓主。愍王朱㰆墓前有一石麒麟，头上生角，发须向后上方飘扬，粗眉梢上挑，巨目大睁，宽鼻孔张，嘴角下咧，利齿龇于嘴外，周身鳞纹，四腿直立，有火焰纹顺势上扬，蹄为马蹄，凶猛逼人。这是明初石麒麟的形象。而清代的麒麟，头似龙形首，鬣须向上冲，颈部卷曲，粗眉圆目，如意形鼻，张嘴龇牙，蹄足，身上有鳞纹。关博院藏一批石雕麒麟，其雕刻具有较高的艺术水平。造型均是龙首兽体呈蹲卧状，有的抬头望天，有

明代石怒吼白泽

的伸首前望，有的身上雕刻鳞纹，有的简化没有鳞纹，在胸部勾画火焰纹，而后麒麟身上的火焰消失。有一石浮雕麒麟，长嘴大张，伸舌龇牙，双耳后抿，长角向后，头须上扬，长体鳞纹，奔跑欲吼，体飘火焰纹，形体丰满，凶猛有力，从造型与雕刻看为明代。有一石蹲卧麒麟，整体呈蹲卧状，挺胸，前腿直立，后腿曲卧，爪形足，胸前带火焰纹，体施鳞纹，其造型头如龙首。又有一石怒吼麒麟，整体呈蹲卧状，头如龙首，头鬃往后向上扬，兽体蹲卧，爪形足，胸部火焰纹向后漂浮，于方台座上，胸部凸起，却不显凶猛，似被驯服，为主人守卫。

　　明清时期与唐宋时期相比较，麒麟雕刻走向下坡，缺少神韵感，力度

明代石蹲卧麒麟

明代石怒吼麒麟

减弱，本应具备的动物野性没有了。从上述介绍的麒麟看，历代造型变化较大。唐代由于经济文化的发展，雕刻的形象有力强劲，体态丰满，造型凶猛。到明清时期虽然演变成"龙的造型"，但雕刻显得呆滞无力。这与时代有关，不同时期具有不同的造型特征和文化内涵，因而对它的认识有助于了解当时人们的思想意识和历史背景。

健壮的石骏马

古代石刻骏马遗留较多，因为马在古代社会中占有重要的地位。马属于六畜之一，古代祭祀鬼神列祖，求雨求天时，作为牺牲品。在考古资料中得知，商周至春秋战国时期大型的贵族墓葬中就有用马和车马随葬的，这是一种贵族等级制度的反映。在农业生产中，马是主要的生产力，交通运输中，马与马车是主要的交通运载工具，并将其视为财富的象征。在军事中战马常常在战争中起决定性作用，当时马的多少是国力的象征。现存石

"马踏匈奴"

唐代帝王陵前圆雕石马

刻马是历史的记录,它反映着历史的一个侧面。

现保存较早的石刻马有上述霍去病墓前的"马踏匈奴",马高大威武,四蹄踏倒匈奴,手执弓箭的匈奴只能哀号求饶,体现了战马能压倒一切罪恶势力、压倒一切侵略者。同时也能看到汉代匠师有高超雕琢的艺术水平,其手法写实夸张、注重轮廓形态,把作战勇猛无畏的精神都展现了出来,正是"气魄浑沉雄大"。

唐代时期马在社会中仍占重要地位,著名的"昭陵六骏"浮雕,原置于陕西礼泉九峻山上的唐太宗昭陵前。六骏原是李世民的生前坐骑,并为其立下多次战功,分别称拳毛䯄、飒露紫、白蹄乌、特勒骠、青骓、什伐赤,在长176厘米、宽207厘米的青石板上浮雕,它们姿态各异,或直立、或细步、或飞奔,各反映出一段历史故事,其风格特征具有雄浑博大的气势。其雕琢手法趋于写实,注重大的轮廓,不但把马高大雄健、膘肥硕壮

宋代皇陵群石雕马

的躯体与劲健的四肢表现出来，同时还把当时战马的装饰以及"三花"鬃毛、战无不胜的气势刻画出来，体现了大唐健康向上的时代风范。唐代帝王陵前均置圆雕石马，如唐高宗乾陵前，有翼马一对。翼马又称"天马"，它是由现实的骏马与传统雕刻的马结合演变而来，其带卷曲双翼，形象雄壮，比例准确，具有高度装饰的艺术水平。有学者指出唐代前后的特征差别：初唐写实精炼、雄健有力；盛唐富有生气，手法洗练纯熟；而晚唐略显软弱。河南省巩县芝田蔡庄村北岭上的宋代皇陵群，以宋真宗永定陵神道两侧的石雕马为代表，石马4匹，马身雕饰华丽，有鞍、鞯、蹬等，造

明代石马

型雄姿骏健,两旁立有控马官,手执马鞭直立侍奉。其特征与唐代相比气势减弱,也缺少动感。明代在帝王、各地藩王陵墓前神道旁也都置石雕群。明诸陵神道上的石雕马最为显著,它们显示出这个时代的风格,其形象高大,刻工精细,浑厚庄重,颇带气势,虽庄重严肃,但从艺术造型看比唐宋显得呆滞单调,缺乏内在力,雕刻艺术水平下降。

关博院收藏了一批明清时期的石马,多属墓前神道上放置的。代表性的有:鞍鞯齐备石马一对,四腿站立,抬首前视,马具齐备,雕刻工艺精细,两侧的纹饰相同,一件上浮雕麒麟,呈奔跑状,其龙首、鬃毛上扬,

清代卧马

体施鳞纹，胸前有火焰纹，蹄形足，周围布满云纹，下为海水，边施卷草纹，下垂缨穗。从浮雕麒麟的造型与特征看是属明代。卧马一对，四腿曲跪，扬首，双耳直竖，长圆眼，同样马具齐备，有络头、缰绳、攀胸、障泥、鞍鞯等，雕刻显得呆滞无力，没有神采，属清代时期。从这些立体石马雕刻看，石匠在圆雕的同时还采用浮雕手法，同时利用青石材质的特点，用刀圆润，马具齐备，追求写实与艺术的完美结合，但是缺少内在力量，没有雄大气魄，属清代时期。

驯服的石羊

羊,古"祥"字。在商周时期青铜器铭文中,"祥"作"羊"。在汉代铜器中也将"祥"写作"羊",例如"大吉羊",故传统以羊为吉祥动物。陕西省绥德县出土的汉代石墓门画像中,剔底雕有一羊,圆眼、短耳、长胡须、大角弯曲向后,抬腿慢行,周围云朵飘浮,其间有羽人骑鹿、奔马、朱鹭衔鱼和日月,整体雕刻轮廓,形略加修饰,原有彩绘,现已脱落,但把上面浮雕的行羊特征都表现出来,古拙朴素,真实生动,生活气息浓厚。

陕西省礼泉县唐代郑仁泰墓前石羊,整体丰满、长弯角、双耳、四腿曲卧,身体光素没有纹饰,采用写实手法,其比例准确,线条简练,形象逼真,造型饱满圆润、硕壮膘肥、昂首前视,双目前视,炯炯有神,表现出一种颇具生气的风格。北宋帝陵计有七帝八陵,由于陵前制度多沿袭唐,但也略有不同。北宋永熙陵前置石羊(而

汉代石墓门石羊

唐代郑仁泰墓石羊

北宋永熙陵石羊

在唐帝陵前不置,只是帝王陵以下的等级墓前置有石羊),石羊长嘴,圆目前视,双弯角,四腿跪卧,雕刻简洁概括,造型准确,形象写实,体态较丰满,驯服温顺,富有活力。当地群众传诵歌谣中就有"滹沱陵(永熙陵别名)的好石羊"。宋代与唐代帝陵相比规模有所差异,特别是盛唐时

明代粗卷角石羊

清代长角石羊

的石雕呈现出饱满雄健,刚劲向上的美感。西安市南郊明藩王墓群神道的石羊,同样是长嘴双目,注视前方,双角长卷曲,体态较丰满,四腿曲卧于长方形石台座上,形象静卧,与前朝造型相似,但神态稍逊,略显呆滞。关博院收藏了一批石卧羊,选四件介绍:明代粗卷角石羊,挺胸昂首,长嘴前视,粗大长卷曲角,体态丰满,四腿曲卧于长方形台座上。清代长角石羊,嘴长挺胸,双目前视,大双角向后至背,体态丰满,四腿曲卧于长方形台上;清代长卷角石羊,角长大卷曲,双耳,长嘴,双目前视,臀部较平,四腿曲卧于长方形石台上;清代长嘴卷角石羊,雕刻简单写实,长眼突目,双耳后抿,长嘴角卷曲,嘴长显瘦,后臀部较平,挺胸屈腿卧于长方形石板上。

清代长嘴卷角石羊